Matemáticas 4º ESO
18. Estudio de funciones

José Rodolfo Das López

Matemáticas 4º ESO - 18. Estudio de funciones
© José Rodolfo Das López, 2018.
Correo Electrónico: `jose.das@jrdas.org`
Diseño portada y contraportada: Claudia Escribano Máñez
Edita: Sección del IES Fernando III de Ayora en Jalance

ISBN: 978-84-17613-18-1
Depósito Legal: V-2040-2018
1ª edición: Julio, 2018

Índice

Índice	3
1 Concepto de función	5
2 Dominio	6
3 Rango	9
4 Puntos de corte con los ejes. Signo de una función.	9
5 Simetría o paridad.	11
6 Asíntotas	12
7 Continuidad de una funcion en un punto y en un intervalo.	17
8 Funciones a trozos	21
9 Derivada y continuidad. Función derivada	23
10 Crecimiento y decrecimiento. Extremos relativos	25
11 Aplicaciones de la derivada segunda	29
12 Estudio general de funciones. Representación	33
Soluciones	58

Las características que vamos a analizar en este tema son:

1. Dominio.

2. Rango.

3. Puntos de corte con los ejes y signo de una función.

4. Simetría o paridad.

5. Asíntotas.

6. Continuidad.

7. Crecimiento y decrecimiento.

8. Máximos y mínimos

9. Concavidad y convexidad

1 Concepto de función

Recordamos que una función es una relación matemática f, según la que a cada elemento de un conjunto inicial $x \in A$, llamado **dominio**, se le asigna un único elemento del conjunto final $y \in B$, llamado **codominio**. Tal relación la escribimos de manera genérica como

$$f(x) = y$$

y decimos que y es la **imagen** de x por f. Es importante destacar la unicidad de la imagen para cada elemento del conjunto A como una característica fundamental de toda función.

Recordamos también que existen diversas formas de representar una función:

1. Mediante una tabla de valores.

2. Mediante una representación gráfica en unos ejes de coordenadas.

3. Mediante una expresión algebraica, del tipo $y = f(x)$, que será la que veamos este curso.

Hasta este curso, lo habitual era que la función viniera expresada como una relación algebraica, que a partir de ella se construyera una tabla de valores y que, posteriormente, estos puntos se dispusieran sobre unos ejes cartesianos para, finalmente, unirlos mediante una línea y obtener su representación gráfica.

Por el contrario, en este curso, la naturaleza de las funciones estudiadas es demasiado complicada como para que baste una tabla de valores calculada en unos pocos puntos para contener toda la información que se necesita para realizar una gráfica de la función. Por este motivo, lo que trataremos es de analizar ciertas características de la función que nos permitirán realizar un esbozo del dibujo de la misma.

Ejercicios

1. Representa gráficamente la función que se corresponde con los datos de la siguiente tabla y busca una expresión analítica para dicha función.

x	-2	0	1	3
y	1	1	4	16

2. Dibuja la gráfica de $f(x) = |2-x|$.

3. Escribe la expresión analítica de las funciones definidas por los siguientes enunciados.

    (a) A cada número real se le asigna el triple de su cuadrado menos el doble de su cubo.

    (b) A cada número natural se le asocia la raíz cuadrada negativa de la suma de su cuadrado con él mismo.

    (c) En una clase se tiene un diccionario por cada alumna, un atlas por cada dos alumnos y un ordenador por cada tres. Se pide la función que da el número total de materiales de apoyo que hay en la clase en función del número de alumnos de la misma.

4. Dibuja el conjunto de puntos del plano (x,y) que verifica cada una de las siguientes igualdades.

    (a) $y = x - 3$

    (b) $y = \dfrac{x^2 - 9}{x + 3}$

    (c) $(x+3)y = x^2 - 9$

    ¿Corresponden todas a la gráfica de una función?

2 Dominio

Dada una función $y = f(x)$, llamamos **dominio** de f al conjunto de valores que puede tomar x para los que tiene sentido calcular la función f.

En general, para calcular el dominio en la práctica, es más sencillo calcular aquellos valores que **no** están en el dominio. De este modo, se expresará el dominio de la función como $\mathbb{R} - A$, donde A es el conjunto de valores que quedan fuera del domino.

Para determinar el conjunto A, debemos saber que existen dos motivos por los que un valor x_0 queda fuera del dominio:

- El primero es por problemas numéricos asociados al cálculo de la función en x_0, es decir, si $f(x_0)$ no se puede calcular.

- El segundo es por la decisión de la persona que define la función de excluir algún valor o rango de valores de la definición de la función o, sencillamente por que no tiene un sentido dentro del contexto del planteamiento de un problema real. Por ejemplo, si definimos la función que calcula el área de un cuadrado de lado x, $f(x) = x^2$, vemos que a pesar de que matemáticamente es posible calcular el cuadrado de un número negativo, en el contexto del problema no tiene sentido una longitud negativa para el lado de un cuadrado.

Veamos los casos más representativos de funciones y el cálculo de sus dominios.

Polinomios. Un polinomio no es más que un conjunto de sumas, restas, multiplicaciones y potencias de números y letras. Ninguna de estas operaciones presenta ningún tipo de problema a la hora de realizar cálculos, por lo que el dominio de todo polinomio es $\mathbb{R}$.

Fracciones algebraicas. Una fracción algebraica no es más que un cociente de polinomios. Como acabamos de ver los polinomios en sí no presentan ningún problema de definición, por lo que la única dificultad reside en la propia división. Recordemos que dos números cualesquiera se pueden dividir siempre que el divisor no sea 0. Por tanto, lo único que hay que hacer es resolver la ecuación resultante de igualar a 0 el denominador y excluir las soluciones del conjunto de los números reales.

Radicales. Para las raíces distinguiremos dos casos, en función del índice de la raíz:

- Si el índice de la raíz es impar, el dominio de la función general es el dominio del radicando.

- Si el índice de la raíz es par, sólo podemos calcularla si el radicando es no negativo. Por tanto, hay que estudiar el signo del radicando y excluir aquellos intervalos en los que sea negativo.

Ejercicio resuelto 2.1

Vamos a calcular el dominio de las siguientes funciones:

(a) $f(x) = x^2 - 4x + 3$.

El dominio de un polinomio son todos los números reales, luego $\text{Dom}(f) = \mathbb{R}$.

(b) $f(x) = \frac{3x-7}{x-6}$.

El dominio de un cociente de polinomios son todos los números reales que no anulan el denominador. Como $x - 6 = 0$ si $x = 6$, resulta que $\text{Dom}(f) = \mathbb{R} - \{6\}$.

(c) $f(x) = \sqrt{x^2 + 2x - 3}$.

Para que f esté definida, debe ser $x^2 + 2x - 3 = (x+3)(x-1) \geq 0$, luego $\text{Dom}(f) =]-\infty, -3] \cup [1, +\infty[$.

(d) $f(x) = \sqrt[3]{5x - 20}$

$f(x)$ es composición de un polinomio con una raíz cúbica. Como el dominio de ambas son todos los números reales, entonces $\text{Dom}(f) = \mathbb{R}$.

(e) $f(x) = \frac{|x|}{x}$.

$f(x)$ no está definida cuando el denominador se anula, y esto ocurre cuando $x = 0$ luego $\text{Dom}(f) = \mathbb{R} - \{0\}$.

Composición de funciones. En la mayoría de ocasiones no aparecen funciones de forma independiente sino en forma anidada, unas dentro de otras. Esto se denomina composición de funciones. De este modo, la función $h(x) = \sin\sqrt{x}$ es la composición de $f(x) = \sin x$ y $g(x) = \sqrt{x}$ y lo escribiremos $h(x) = (f \circ g)(x)$. Para hallar el dominio de estas funciones tendremos que hacer un análisis especial en cada caso, como se ve en el ejemplo 2.

Ejercicio resuelto 2.2

Partiendo de las funciones $f(x) = \frac{x^2+3}{x-1}$ y $g(x) = x - 1$, calcula estas otras y sus dominios.

(a) $f + g$

(b) $g - f$

(c) $f \cdot g$

(d) $\frac{f}{g}$

(a) $(f+g)(x) = f(x) + g(x) = \frac{x^2+3}{x-1} + x - 1 = \frac{2x^2 - 2x + 4}{x-1}$. El $\text{Dom}(f+g) = \mathbb{R} - \{1\}$.

(b) $(g-f)(x) = g(x) - f(x) = x - 1 - \frac{x^2+3}{x-1} = \frac{-2x-2}{x-1}$. El $\text{Dom}(g-f) = \mathbb{R} - \{1\}$.

(c) $(f \cdot g)(x) = f(x) \cdot g(x) = \frac{x^2+3}{x-1} \cdot (x-1) = x^2 + 3$. El $\text{Dom}(f \cdot g) = \mathbb{R}$.

(d) $\left(\frac{f}{g}\right)(x) = \frac{f(x)}{g(x)} = \frac{x^2+3}{x-1} : (x-1) = \frac{x^2+3}{(x-1)^2}$. El $\text{Dom}\left(\frac{f}{g}\right) = \mathbb{R} - \{1\}$.

Ejercicio resuelto 2.3

Calcula el dominio de $f \circ g$ siendo $f(x) = \frac{x+1}{x-2}$ y $g(x) = \frac{x-1}{x+3}$.

Se observa primero que $\text{Dom}(f) = \mathbb{R} - \{2\}$ y que $\text{Dom}(g) = \mathbb{R} - \{-3\}$. Se sabe que el dominio de $f \circ g$ está compuesto por los x que estén en el dominio de g y los $g(x)$ que están en el dominio de f. Por tanto, los valores de la variable independiente que hacen que $g(x) = 2$ no estarán en el dominio de $f \circ g$: $g(x) = 2$ implica que $\frac{x-1}{x+3} = 2$, luego $x = -7$ no está en el dominio de $f \circ g$. Por tanto, $\text{Dom}(f \circ g) = \mathbb{R} - \{-7, -3\}$.

Observación importante: Si se calcula la función compuesta $(f \circ g)(x) = f(g(x)) = \frac{\frac{x-1}{x+3} + 1}{\frac{x-1}{x+3} - 2} = \frac{2x+2}{-x-7}$ puede parecer que su dominio es $\mathbb{R} - \{-7\}$, pero esto no es cierto, ya que $x = -3$ tampoco está en el dominio porque no pertenece al dominio de g. Así pues $(f \circ g)(-3) = f(g(-3))$ no se puede hallar porque no esta definida en $x = -3$.

Ejercicios

5. Obtén el dominio de las siguientes funciones:

   (a) $f(x) = \frac{x-1}{x^2+1}$

   (b) $f(x) = \frac{x^2+1}{x-1}$

   (c) $f(x) = \frac{x^2-4}{x+2}$

   (d) $f(x) = \frac{1}{\sqrt{(x-1)(2x+3)}}$

   (e) $f(x) = \frac{1}{x^2-4} + \frac{1}{x^2-1}$

   (f) $f(x) = \sqrt{(x-1)(2x+3)}$

   (g) $f(x) = \frac{x+2}{x^2-4}$

   (h) $f(x) = 1 + \sqrt{\frac{3-x}{5-x}}$

   (i) $f(x) = 1 + \sqrt{\frac{5-x}{3-x}}$

6. Dadas las funciones $f(x) = x^2 - x - 2$, $g(x) = \sqrt{2x-4}$, $h(x) = \frac{1}{x^2-4}$ y $t(x) = 1 - x^2$, calcula las funciones siguientes y halla sus dominios.

(a) $(f-t)(x)$ (c) $\left(\dfrac{f}{t}\right)(x)$ (e) $g^{-1}(x)$ (g) $h^{-1}(x)$ (i) $t^{-1}(x)$

(b) $\left(\dfrac{f}{h}\right)(x)$ (d) $(h\circ g)(x)$ (f) $(g\circ t)(x)$ (h) $(f\cdot h)(x)$

7. Halla el dominio de estas funciones.

   (a) $f(x)=\dfrac{\sqrt{x+2}}{x}$

   (b) $f(x)=\dfrac{\sqrt{x+6}-\sqrt[3]{x}}{x-2}$

   (c) $f(x)=\dfrac{\sqrt{x^2-1}}{x+3}$

   (d) $f(x)=\dfrac{\sqrt{x^2+1}}{x^2-1}$

8. Definimos dos funciones $f(x)=\dfrac{1}{x}$ y $g(x)=\dfrac{1}{x-2}$. Demuestra que $f\circ g = x-2$ y justifica que el dominio de esta función no sea $\mathbb{R}$.

3 Rango

El **rango** de una función (también llamado **imagen** o **codominio**) es el conjunto de valores de la variable y para los que existe un valor x de forma que $f(x)=y$. Es decir, existe una clara analogía entre el dominio respecto a la variable x y el rango respecto a la variable y.

La forma más rápida de calcularlo, aunque no necesariamente la más fácil, es despejar la x de la expresión $y=f(x)$ hasta conseguir una expresión de la forma $x=g(y)$ en la que la parte de la derecha dependa exclusivamente de la variable y. En esta situación, el rango de la función f, coincide con el dominio de la función g.

Veamos un ejemplo. Como veremos en el estudio detallado de cada tipo de función, el dominio de la función $y=\dfrac{1}{x-2}$ es el conjunto $\mathbb{R}$, a excepción de los valores que anulan el denominador. En este caso el único valor que anula el denominador es $x=2$, por lo que el dominio es $\mathbb{R}-\{2\}$. Calculemos su rango. Para ello, vamos a despejar la variable x de la expresión original de la función:

$$y=\dfrac{1}{x-2} \Rightarrow y(x-2)=1 \Rightarrow yx-2y=1 \Rightarrow yx=1+2y \Rightarrow x=\dfrac{1+2y}{y}$$

Así, el rango de $y=\dfrac{1}{x-2}$ coincide con el dominio de $x=\dfrac{1+2y}{y}$. El dominio de esta última función es $\mathbb{R}-\{0\}$, ya que 0 es el único valor que anula el denominador. Por este motivo, el rango de $y=\dfrac{1}{x-2}$ es $\mathbb{R}-\{0\}$.

4 Puntos de corte con los ejes. Signo de una función.

Los puntos de corte son aquellos puntos en los que la función intersecta a alguno de los ejes cartesianos. Es obvio que en estos puntos alguna de las dos componentes ha de ser necesariamente 0:

- Cortes con el eje Y: Los puntos que están sobre el eje Y tienen como abscisa 0, es decir, son de la forma $(0,y)$. Existe, como mucho, un único punto de corte con el eje Y, dependiendo de si el 0 está o no dentro del dominio de la función. Para calcularlo basta con sustituir en la expresión de la función x por 0 y comprobar qué valor sale. Este valor será la coordenada de la componente y del punto.

- Cortes con el eje X: Los puntos que están sobre el eje X tienen como ordenada 0, es decir, son de la forma $(x,0)$. Pueden existir varios puntos de corte con el eje X. Para calcularlos basta con resolver la ecuación $f(x) = 0$: todas sus soluciones, en principio son las ordenadas de los puntos de corte.

4.1. Signo de una función

En muchas ocasiones, como acabamos de ver en la determinación de los dominios de funciones radicales o logarítmicas o para representar gráficas de funciones es muy útil saber en qué zonas la gráfica de función va por encima o por debajo del eje X. Es decir, dónde se cumple que $f(x) > 0$ y dónde que $f(x) < 0$. Para ello, se deben señalar sobre el eje X los puntos de corte de la función con él y los puntos de discontinuidad, y a continuación, estudiar el signo de la función en los distintos tramos en que el eje queda dividido.

Ejercicio resuelto 4.1

Halla los puntos de corte con los ejes y el signo de la función $f(x) = \dfrac{x-6}{x-2}$.

Corte con el eje X: Hay que resolver la ecuación $f(x) = 0$, es decir, $\dfrac{x-6}{x-2} = 0$. La única solución es $x = 6$. El punto de corte de f con el eje X es $(6,0)$.

Corte con el eje Y: Se calcula el valor de la función para $x = 0$, $f(0) = \dfrac{0-6}{0-2} = 3$, por tanto, el punto de corte de f con el eje Y es $(0,3)$.

Signo de $f(x)$: Hay que resolver la inecuación $f(x) > 0$. Una forma rápida de resolverla es señalar en el eje X los puntos $x = 6$ y $x = 2$, las raíces del numerador y del denominador, y, a continuación, estudiar el signo de la función en los tramos obtenidos. Para ello se toma un número cualquiera de cada uno y se calcula signo de la función en él. No es necesario estudiar el valor de f, basta con su signo.

Intervalo	Signo de $f(x)$
$x < 2$	$f(0) = \dfrac{-}{-} = +$, luego $f(x) > 0$
$2 < x < 6$	$f(3) = \dfrac{-}{+} = -$, luego $f(x) < 0$
$x > 6$	$f(7) = \dfrac{+}{+} = +$, luego $f(x) > 0$

Ejercicios

9. Encuentra los puntos de corte con los ejes de las siguientes funciones y estudia su signo.

    (a) $f(x) = 6x - 5$
    (b) $f(x) = x^2 + 3x - 4$
    (c) $f(x) = \dfrac{x(x-3)(x+2)}{x+1}$

10. Calcula los puntos de corte con los ejes de la función $f(x) = x^2 + 2x + 2 + \dfrac{10}{x-3}$. Halla su dominio y estudia su signo, según los valores que tome la variable independiente a lo largo del dominio. [Nota: escribe la función dada como cociente de dos polinomios.]

5 Simetría o paridad.

Paridad es lo mismo que **simetría**. Existen dos tipos de simetría:

- Una función se dice que es **par** o simétrica respecto al eje OY si cumple que $f(-x) = f(x)$, es decir, si al doblar la gráfica por la línea del eje OY, las dos mitades (izquierda y derecha) quedan superpuestas. Como ejemplos típicos de funciones pares tenemos los polinomios en los que los exponentes de la variable x son todos pares (incluyendo el término independiente, que cuenta como exponente 0, par) y la función trigonométrica $\cos(x)$.

Ejercicio resuelto 5.1

Estudia si la función $f(x) = x^2$ es par.

Si se aplica la definición de función par, se tiene: $f(-x) = (-x)^2 = x^2 = f(x)$, por lo que es una función par. En la figura se aprecia la simetría respecto del eje de ordenadas.

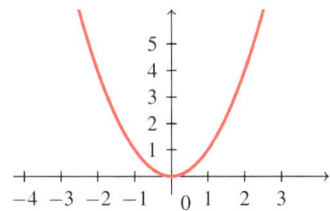

- Una función se dice que es **impar** o simétrica respecto al origen si cumple que $f(-x) = -f(x)$, es decir, si al doblar la gráfica por la línea del eje OY y posteriormente respecto al eje OX, los dos cuartos en los que se enmarca la gráfica (superior izquierda con inferior derecha o inferior izquierda con superior derecha) quedan superpuestos. Como ejemplos típicos de funciones impares tenemos los polinomios en los que los exponentes de la variable x son todos impares (incluyendo el término independiente, que cuenta como exponente 0, par y que por tanto, debe ser 0) y las funciones trigonométricas $\sin(x)$ y $\tan(x)$.

Ejercicio resuelto 5.2

Estudia si la función $f(x) = \frac{1}{x}$ es impar.

Utilizando la definición de función impar: $f(-x) = \frac{1}{-x} = -\frac{1}{x} = -f(x)$, por lo que es una función impar. En la figura se visualiza la simetría respecto al centro de coordenadas.

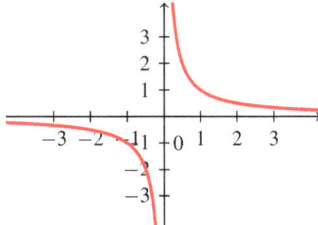

Si alguna función (como es lo más habitual) no cumple ninguna ninguna de las condiciones, ni de par ni de impar, se dice, simplemente, que no es simétrica.

> **Ejercicio resuelto 5.3**
>
> *Estudia la simetría de las siguientes funciones:*
>
> (a) $f(x) = x^2 + 4x$ (b) $f(x) = x^3 - 2x$ (c) $f(x) = \frac{1}{x^2}$
>
> En cada caso se calcula $f(-x)$ y se estudia qué relación guarda con $f(x)$.
>
> (a) $f(-x) = (-x)^2 + 4(-x) = x^2 - 4x$, que es distinto de $f(x)$ y de $-f(x)$. Por tanto, esta función no tiene simetría ni respecto del eje Y ni respecto al origen. (Aunque si es simétrica respecto de la recta $x = -2$.)
>
> (b) $f(-x) = (-x)^3 - 2(-x) = -x^3 + 2x = -f(x)$. Es una función impar.
>
> (c) $f(-x) = \frac{1}{(-x)^2} = \frac{1}{x^2} = f(x)$. Es una función par.

La tarea de representar la gráfica de una función se puede simplificar enormemente si se detecta alguna simetría en ella. En este caso bastaría con estudiar solo una mitad de la curva y la otra mitad se obtendría por simetría.

Ejercicios

11. Estudia si las siguientes funciones son pares o impares, o si no presentan ninguna de estas simetrías.

    (a) $f(x) = \dfrac{x^2}{x^2 - 4}$
    (b) $f(x) = |x|$
    (c) $f(x) = x^5 - 2x^3 + x$
    (d) $f(x) = \dfrac{1}{x^3 + 1}$
    (e) $f(x) = \dfrac{1}{x^2 + 1}$
    (f) $f(x) = x(x-1) \cdot (x+1)$
    (g) $f(x) = x^2 - 3x$
    (h) $f(x) = x^2(x^2 - 1) \cdot (x^2 + 1)$
    (i) $f(x) = \dfrac{x^4 + x}{2x + 1}$
    (j) $f(x) = \dfrac{x^4(x^2 - 9)}{(x+1)(x-1)}$
    (k) $f(x) = x^2 \cdot |x|$

12. (a) Escribe una función polinómica en la que todos los exponentes que aparezcan sean pares y estudia su simetría.

    (b) Haz lo mismo para una función polinómica con todos sus exponentes impares.

    (c) ¿Por qué piensas que se utilizan los términos *función par* y *función impar*?

6 Asíntotas

Una rama infinita de una función es cualquier porción continua de su gráfica que tenga longitud infinita. Las ramas infinitas aparecen cuando o bien la variable independiente, x o bien la dependiente, y, o bien ambas tienden a $+\infty$ o a $-\infty$.

Una **asíntota** es una recta imaginaria a la que se aproxima la función sin llegar a cruzarla.

Geométricamente, el estudio de los límites en el infinito y de los límites infinitos de una función puede llevar a establecer que dicha función tiene una o varias asíntotas.

6.1. Asíntotas verticales

Sea a un número real, la recta vertical $x = a$ es una asíntota vertical de la función $y = f(x)$ si se verifica al menos una de las siguientes condiciones:

$$\lim_{x \to a^-} f(x) = -\infty \qquad \lim_{x \to a^+} f(x) = -\infty$$
$$\lim_{x \to a^-} f(x) = +\infty \qquad \lim_{x \to a^+} f(x) = +\infty$$

Se pueden dar ocho casos en los que una función presente asíntota vertical en un punto.

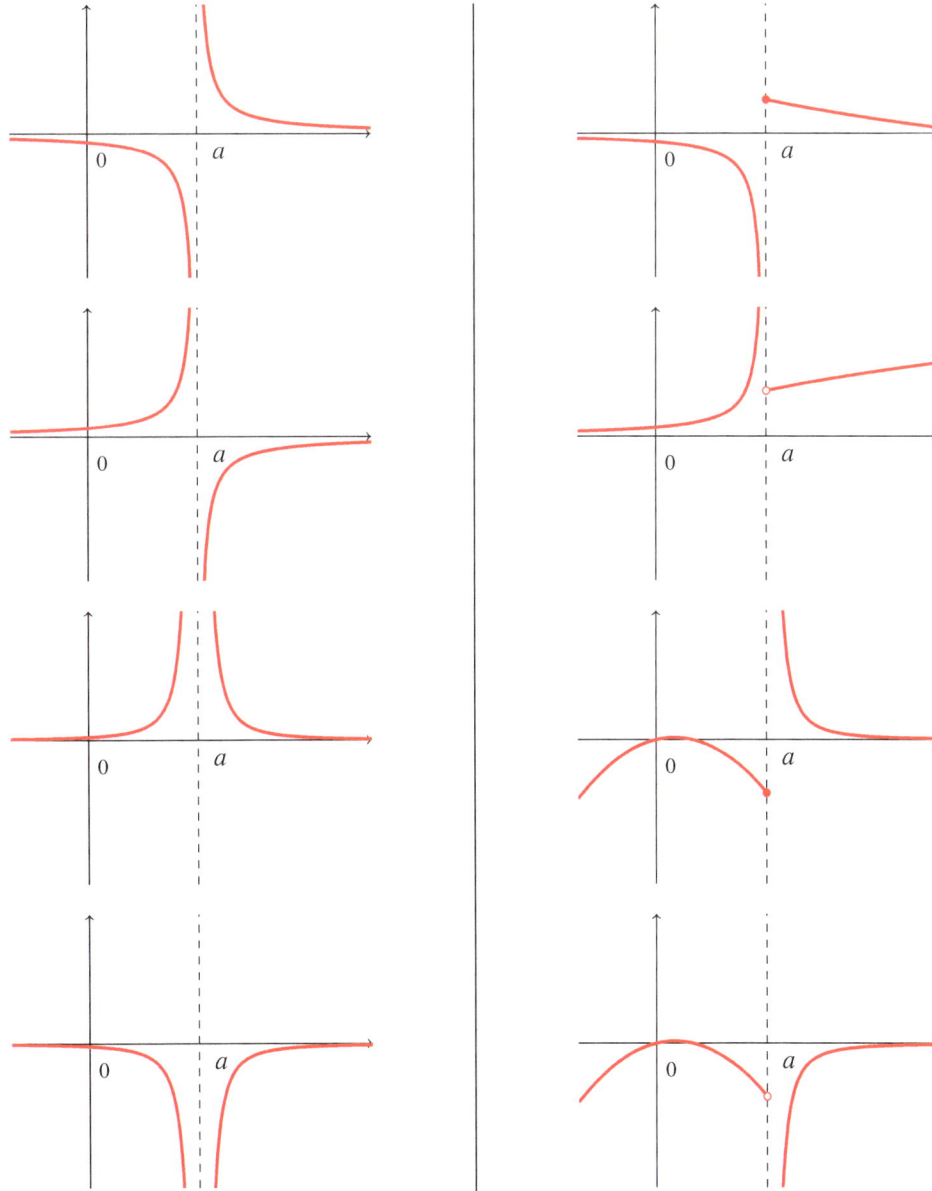

Hay que tener en cuenta que para que en un punto $x = a$ una función tenga asíntota vertical basta con que uno de los límites laterales de la función en ese punto tienda a $+\infty$ o a $-\infty$.

6.2. Asíntotas horizontales

Sea l un número real, la recta horizontal $y = l$ es una asíntota horizontal de la fundión $y = f(x)$ si se verifica que:

$$\lim_{x \to +\infty} f(x) = l, \text{ o bien } \lim_{x \to -\infty} f(x) = l$$

Si una función f tiene asíntotas horizontales, pueden darse los cuatro casos siguientes.

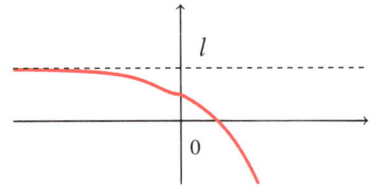

f presenta asíntota horizontal solo en $-\infty$

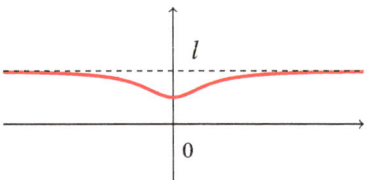

f tiene la misma asíntota horizontal en $-\infty$ y en $+\infty$

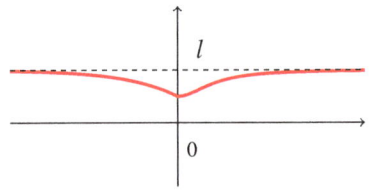

f presenta asíntota horizontal solo en $+\infty$

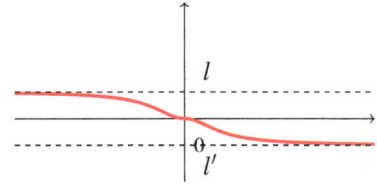

f tiene distintas asíntotas horizontales en $-\infty$ y en $+\infty$

6.3. Asíntotas oblicuas

En muchas ocasiones en las que una función no tiende a un valor constante en $+\infty$ o en $-\infty$, es decir, no presenta asíntota horizontal, se observa que su gráfica tiende a aproximarse a una recta oblicua cuando la variable independiente tiende a $+\infty$ o a $-\infty$.

La recta no horizontal $y = mx + n$, $m \neq 0$ es una asíntota oblicua de $y = f(x)$ si:

$$\lim_{x \to +\infty} (f(x) - (mx+n)) = 0, \text{ o bien } \lim_{x \to -\infty} (f(x) - (mx+n)) = 0$$

Ejercicio resuelto 6.1

Estudia el comportamiento cuando x tiende a $+\infty$ de la función:

$$g(x) = \frac{x^2}{x+10}$$

Si se efectúa la división indicada en $g(x)$, se obtiene $g(x) = \frac{x^2}{x+10} = x - 10 + \frac{100}{x+10}$ y, por tanto, se puede escribir $g(x) - (x-10) = \frac{100}{x+10}$, por lo que para valores grandes de x, los valores de $g(x)$ y de la recta $y = x - 10$ valen prácticamente lo mismo, pues, para estos valores, el cociente $\frac{100}{x+10}$ es prácticamente cero. En conclusión, la recta $y = x - 10$ es una asíntota oblicua de la función $g(x)$.

Cálculo de las asíntotas oblicuas Para hallar las asíntotas oblicuas de las funciones racionales (cocientes de polinomios) se puede aplicar el metodo de la división visto en el ejemplo anterior, pero este no es válido para otros tipos de funciones que también presentan asíntotas oblicuas.

El método general de cálculo es el siguiente. Si se supone que $y = mx + n$ es una asíntota oblicua de la función $f(x)$ en $+\infty$, entonces será $(f(x) - (mx+n)) \approx 0$.

Dividiendo por x: $\lim_{x \to +\infty} \frac{f(x) - (mx+n)}{x} = 0$, entonces $\lim_{x \to +\infty} \left(\frac{f(x)}{x} - m - \frac{n}{x} \right) = 0$ y como $\lim_{x \to +\infty} \frac{n}{x} = 0$ sea cual sea el valor de n, se concluye que $\lim_{x \to +\infty} \left(\frac{f(x)}{x} - m \right) = 0$ de donde: $m = \lim_{x \to +\infty} \frac{f(x)}{x}$.

El cálculo de n es inmediato sin más que observar que $\lim_{x \to +\infty} (f(x) - mx - n) = 0$, que despejando lleva a $n = \lim_{x \to +\infty} (f(x) - mx)$.

Ejercicio resuelto 6.2

Calcula las asíntotas oblicuas de $f(x) = 3x + \sqrt{\frac{1}{x}}$.

Al ser $\text{Dom}(f) =]0, +\infty[$, solo tiene sentido buscar la asíntota cuando $x \to +\infty$. Si $y = mx + n$ es una asíntota oblicua, entonces:

- $m = \lim_{x \to +\infty} \frac{f(x)}{x} = \lim_{x \to +\infty} \frac{3x + \sqrt{\frac{1}{x}}}{x} = \lim_{x \to +\infty} \left(3 + \sqrt{\frac{1}{x^3}} \right) = 3$

- $n = \lim_{x \to \infty} (f(x) - mx) = \lim_{x \to +\infty} \left(3x + \sqrt{\frac{1}{x}} - 3x \right) = \lim_{x \to +\infty} \sqrt{\frac{1}{x}} = 0$

Así pues, la asíntota buscada es $y = 3x$.

Asíntotas en funciones racionales. Sea $f(x) = \frac{P(x)}{Q(x)}$, con $P(x)$ y $Q(x)$ polinomios:

- Si grado $P(x) \leq$ grado $Q(x)$, $f(x)$ tiene la misma asíntota horizontal en $+\infty$ y $-\infty$.
- Si grado $P(x) = 1+$ grado $Q(x)$, $f(x)$ tiene la misma asíntota oblicua en $+\infty$ y $-\infty$.
- $f(x)$ puede tener asíntotas verticales en los puntos en los que $Q(x) = 0$.

Ejercicio resuelto 6.3

Calcula el dominio y las asíntotas verticales y horizontales de

$$f(x) = \frac{\sqrt[4]{x} + \sqrt{x^2 - 1}}{3x - 3}$$

El dominio de $\sqrt[4]{x}$ es $A = \{x \in \mathbb{R} : x \geq 0\}$. El dominio de $\sqrt{x^2 - 1}$ es $B = \{x \in \mathbb{R} : x^2 - 1 \geq 0\} =]-\infty, -1] \cup [1, +\infty[$. Entonces, $A \cap B = [1, +\infty[$. Hay que quitar los puntos donde se anula el denominador: $3x - 3 = 0$, luego $x = 1$. Por tanto, $\text{Dom}(f) =]1, +\infty[$. Con este dominio solo se pueden calcular asíntotas horizontales por la derecha.

$$\lim_{x\to+\infty}\frac{\sqrt[4]{x}+\sqrt{x^2-1}}{3x-3}=\lim_{x\to+\infty}\frac{\sqrt[4]{\frac{1}{x^3}}+\sqrt{1-\frac{1}{x^2}}}{3-\frac{3}{x}}=\frac{1}{3}$$

Así, $y=\frac{1}{3}$ es una asíntota horizontal. Las posibles asíntotas verticales se encontrarán en los puntos en los que el denominador se anula, en este caso, $x=1$. Como la función es positiva a la derecha de 1, se tiene:

$$\lim_{x\to 1^+}\frac{\sqrt[4]{x}+\sqrt{x^2-1}}{3x-3}=\infty$$

luego $x=1$ es una asíntota vertical.

Ejercicio resuelto 6.4

Obtén la asíntota oblicua de la siguiente función: $f(x)=\dfrac{x^3-1}{x^2-2x}$

Efectuando la división, resulta $f(x)=\dfrac{x^3-1}{x^2-2x}=(x+2)+\dfrac{4x-1}{x^2-2x}$; por tanto,

$\lim_{x\to+\infty}\left(\dfrac{x^3-1}{x^2-2x}-(x+2)\right)=\lim_{x\to+\infty}\dfrac{4x-1}{x^2-2x}=0$ y la recta $y=x+2$ es asíntota oblicua de la función f.

Ejercicios

13. Calcula las asíntotas oblicuas, si existen, de $f(x)=\sqrt{x^2+1}$.

14. Calcula las asíntotas de las siguientes funciones.

    (a) $f(x)=\dfrac{2x-1}{x^2-9}$

    (b) $f(x)=\dfrac{2x+5}{3x}$

    (c) $f(x)=\dfrac{3x^3+2x^2+3}{x^2+3x+2}$

    (d) $f(x)=\dfrac{4x^2+1}{x}$

    (e) $f(x)=\sqrt{x^2+3}$

    (f) $f(x)=\sqrt{\dfrac{3x^3-1}{x^2+2}}$

    (g) $f(x)=\sqrt{\dfrac{x^3-1}{x+3}}$

    (h) $f(x)=\dfrac{x}{x^3+1}$

    (i) $f(x)=x^3+3x^2-1$

    (j) $f(x)=\dfrac{2x^2}{x^2+1}$

    (k) $f(x)=\dfrac{3}{x+5}$

    (l) $f(x)=\dfrac{x^2-1}{x^2-4x+3}$

    (m) $f(x)=\dfrac{x^2}{x+1}$

    (n) $f(x)=\dfrac{x^2+2x+7}{x^2+x+1}$

    (ñ) $f(x)=\dfrac{\sqrt{x^3}+1}{\sqrt{x}}$

    (o) $f(x)=2x-3+\dfrac{5}{x-4}$

    (p) $f(x)=\sqrt{\dfrac{x+1}{x}}$

    (q) $f(x)=\sqrt{\dfrac{x^3+1}{x}}$

    (r) $f(x)=\dfrac{-6x^2}{x^2+1}$

    (s) $f(x)=\dfrac{x}{x^2+8}$

    (t) $f(x)=\dfrac{x^5}{x^4+1}$

    (u) $f(x)=\dfrac{x^2+x}{x^3+x^2-2x-2}$

15. Sea la función $f(x)=a+\dfrac{b}{x+c}$ con a, b y c números reales. Calcúlalos sabiendo que:

- La gráfica de f presenta en $-\infty$ una asíntota horizontal de ecuación $y = 2$.
- La gráfica de f presenta en $x = 1$ una asíntota vertical.
- El punto $(6, 3)$ pertenece a la gráfica de f.

16. Halla las asíntotas de la función $f(x) = \dfrac{1 - 2x^2}{3x + 2x - x^2}$ y esboza su gráfica.

17. El denominador de la función $f(x) = \dfrac{x^2 - 7x + 10}{x^2 - 4x - 5}$ se anula para dos valores: $x = -1$ y $x = 5$, y sin embargo solo tiene una asíntota vertical. Explica por qué.

18. Calcula los números a, b y c, sabiendo que la recta $y = 2x - 3$ es una asíntota oblicua de:
$$f(x) = \frac{ax^2 + bx + c}{x + 1}$$

19. Estudia razonadamente las asíntotas y la continuidad de la siguiente función.
$$f(x) = \frac{x^3}{(x+1)^2}$$

20. Sea f la función definida por $f(x) = \dfrac{x + 3}{|x| - 3}$. ¿Cuál es el dominio de f? Calcula los límites $\lim\limits_{x \to +\infty} f(x)$ y $\lim\limits_{x \to -\infty} f(x)$. Estudia los límites $\lim\limits_{x \to 3^-} f(x)$ y $\lim\limits_{x \to 3^+} f(x)$.

21. Una empresa produce ratones inalámbricos en grandes cantidades. Atendiendo a los gastos de puesta en marcha de la maquinaria, al salario de sus trabajadores y a otros factores, se ha llegado a la conclusion de que producir p ratones tiene un coste total, en euros, de
$$C(p) = 10p + 100\,000$$

   (a) Encuentra la expresión de la función C_m que nos da el precio unitario medio de un ratón al fabricar p unidades.

   (b) Calcula $C_m(10)$ y $C_m(1000)$ ¿A qué es debido que haya tanta diferencia entre un coste y otro?

   (c) Calcula $\lim\limits_{p \to \infty} C_m(p)$ y da una interpretación económica al resultado.

22. Tres parejas de una especie en peligro de extinción se introducen en un parque natural para intentar su recuperación. Los estudios indican que la población, n, aumentará de acuerdo con la función:
$$n(t) = 6 + \frac{300t^2}{t^2 + 100}$$

donde t es el tiempo en años.

   (a) Si la población crítica a partir de la cual se considera que la repoblación ha tenido éxito se logra cuando se superan los 50 ejemplares, calcula cuándo se alcanza dicho nivel crítico.

   (b) ¿Cuál es el comportamiento de la población para $t = 10, 20, 40$ y 60 años? ¿Qué conclusiones se pueden sacar de estos resultados?

7 Continuidad de una funcion en un punto y en un intervalo.

La idea de continuidad de una función f en a (siendo a un número real) tiene por objeto traducir matemáticamente la idea intuitiva de que no haya que levantar el lápiz del papel al dibujar la gráfica de f cuando pasemos por el punto $P(a,f(a))$, es decir, que dicha gráfica no presente agujeros ni saltos al pasar por ese punto.

Una fundción f es continua en el punto $x=a$ si $\lim_{x\to a}f(x)=f(a)$. Esta definición es equivalente a que se cumplan las tres condiciones siguientes:

(a) Que exista $\lim_{x\to a}f(x)$

(b) Que exista $f(a)$.

(c) Que ambos números coincidan, es decir, que $\lim_{x\to a}f(x)=f(a)$.

Si una función no es continua en un punto y está definida por la izquierda y por la derecha del punto, se dice que es discontinua en él. Una función será continua en un intervalo cerrado $[a,b]$ si es continua en todos los puntos pertenecientes a ese intervalo y además, $f(a)=\lim_{x\to a^+}f(x)$, $f(b)=\lim_{x\to b^-}f(x)$.

Dependiendo de que condición se incumpla, existen distintos tipos de discontinuidades. Las más habituates son:

- Evitables. $\lim_{x\to a}f(x)\neq f(a)$, pero finito.

- De salto finito. $\lim_{x\to a^-}f(x)=L_1\neq \lim_{x\to a^+}f(x)=L_2$.

- De salto infinito. $\lim_{x\to a^-}f(x)$ o $\lim_{x\to a^+}f(x)$ son ∞.

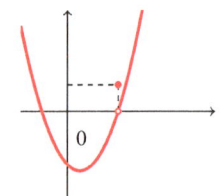 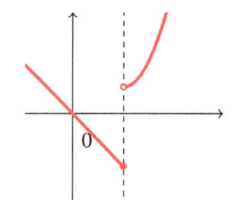 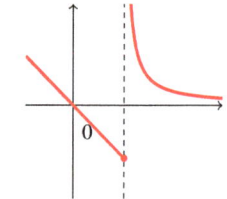

| Discontinuidad evitable | Discontinuidad de salto finito | Discontinuidad de salto infinito |

En el caso de que f tenga una discontinuidad evitable en $x=a$, basta con definir $f(a)=f(x)$, para que la función sea continua en $x=a$.

Si f está definida solamente en el intervalo $[a,b]$ y se dice que $f(x)$ es continua en a o en b, se entiende en el sentido de que $f(a)$ coincide con $\lim_{x\to a^+}f(x)$ o que $f(b)$ coincide con $\lim_{x\to b^-}f(x)$.

Otro tipo de discontinuidad aparece cuando el límite de f en un punto no existe, aun cuando la función no tiende a infinito. Esto sucede, por ejemplo, con $\lim_{x\to 0}\sin\left(\dfrac{1}{x}\right)$.

Continuidad de funciones obtenidas a partir de funciones continuas. Dadas dos funciones f y g para las que existen los límites $\lim_{x\to a}f(x)$ y $\lim_{x\to a}g(x)$, entonces en la mayoría de las ocasiones también existe el límite de la función obtenida a partir de f y g mediante las operaciones usuales. Además, si f y g son continuas en a, entonces lo es tambien la función h obtenida a partir de f y g, siempre que exista el número $h(a)$.

Ejercicio resuelto 7.1

¿Dónde es discontinua la función $h(x) = \dfrac{x^2+5x-1}{x^2-x}$?

$h(x) = \dfrac{f(x)}{g(x)}$ siendo $f(x) = x^2+5x-1$ y $g(x) = x^3-x$. Como $\lim\limits_{x\to a} f(x) = f(a)$ y $\lim\limits_{x\to a} g(x) = g(a)$, y, se deduce que f y g son continuas en todo $\mathbb{R}$, así que $h = \dfrac{f}{g}$ lo será siempre que exista el número $h(a)$, y eso ocurre siempre que, $g(a) \neq 0$ es decir, siempre que $x^3 - x = x(x+1)(x-1) \neq 0$. Así pues, h es continua en todos los números reales salvo en $x = -1$, $x = 0$ y $x = 1$.

Las funciones polinómicas son continuas en todo su dominio, es decir, en $\mathbb{R}$.
Las funciones racionales son continuas en todos los números reales salvo en los que anulan el denominador.
Las funciones radicales de índice par son continuas en todos los puntos que hacen el radicando mayor o igual que cero.

Ejercicio resuelto 7.2

¿Dónde es continua la siguiente función?

$$f(x) = \sqrt{\dfrac{x-1}{(x-2)(x-3)}}$$

En primer lugar se analiza el dominio de f, pues si $a \notin \text{Dom}(f)$, no existe $f(a)$ y, por tanto, no será continua en a.
Resolviendo la inecuación $g(x) = \dfrac{x-1}{(x-2)(x-3)} \geq 0$, se obtienen como solución los valores $x \in [1,2[\cup]3,+\infty[$. Como f es composición de $h(x) = \sqrt{x}$ que es continua en $[0,+\infty[$, con $g(x)$, que es positiva y continua en $[1,2[\cup]3,+\infty[$, entonces $f(x)$ es continua en $[1,2[\cup]3,+\infty[$.

Ejercicio resuelto 7.3

Estudia la continuidad de la siguiente función definida a trozos:

$$f(x) = \begin{cases} \dfrac{x^2-4x+3}{x-1} & si\ x < 1 \\ 2x-4 & si\ x \geq 1 \end{cases}$$

La función $g(x) = \dfrac{x^2-4x+3}{x-1}$ es continua en el intervalo $]-\infty, 1[$ ya que el único valor problemático sería $x = 1$, que no pertenece a dicho dominio.
La función $h(x) = 2x-4$ es continua, ya que es un polinomio (una recta).
Se debe estudiar el punto $x = 1$, que es donde f cambia su definición:

$$\lim_{x\to 1^-} f(x) = \lim_{x\to 1^-} \dfrac{x^2-4x+3}{x-1} = \lim_{x\to 1^-} \dfrac{(x-1)(x-3)}{x-1} = \lim_{x\to 1^-}(x-3) = -2$$

$\lim\limits_{x\to 1^+} f(x) = f(1) = 2\cdot 1 - 4 = -2$. Como los límites laterales coinciden, la función f es continua tambien en $x = 1$ y se puede concluir que f es continua en todo $\mathbb{R}$.

Ejercicios

23. Decide el mayor conjunto de números reales donde sean continuas las siguientes funciones.

    (a) $f(x) = x^2 - 1$
    (b) $f(x) = \frac{1}{x-1}$
    (c) $f(x) = \frac{x-1}{x^2-1}$
    (d) $f(x) = \frac{3x-6}{x^2+1}$
    (e) $f(x) = \frac{2x}{x^2-7x+12}$

24. La función $f(x) = \dfrac{x^3 - 3x^2 - x + 3}{x^2 - 1}$ no está definida para $x = 1$ ni para $x = -1$. ¿Qué valores hay que adjudicar a $f(1)$ y $f(-1)$ para que la función sea continua en $\mathbb{R}$?

25. En cada caso, calcula que valor debe tener la función en el punto indicado para que sea continua en él.

    (a) $f(x) = \dfrac{x^2 - 1}{x - 1}$, en $x = 1$.

    (b) $f(x) = \dfrac{x^2 - x - 2}{x^2 - 4}$, en $x = 2$.

26. Decide el mayor conjunto de números reales donde sean continuas las siguientes funciones.

    (a) $f(x) = 2x^3 - 5x$
    (b) $f(x) = \dfrac{x^2 - 4}{x^2 + 4}$
    (c) $f(x) = \dfrac{3x + 7}{x - 2}$
    (d) $f(x) = \dfrac{x - 1}{x^2 + 2x - 5}$
    (e) $f(x) = \dfrac{x^2 - 1}{x^2 + 5x + 4}$
    (f) $f(x) = \sqrt{x^2 + x + 5}$
    (g) $f(x) = \sqrt{9x^2 - 4}$
    (h) $f(x) = \sqrt{2x^2 + 3x - 8}$

27. Al dibujar la gráfica de las funciones $f(x) = x^2 - x$ y $g(x) = \dfrac{x^3 - x}{x + 1}$ obtenemos la misma gráfica para ambas funciones, como se ve en el dibujo. Sin embargo, dichas funciones no son iguales. Indica sus diferencias haciendo un estudio de lo que ocurre en el punto de abscisa $x = -1$.

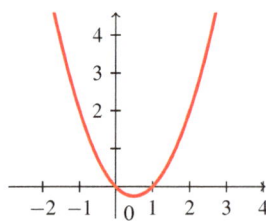

28. Entre las siguientes afirmaciones, determina cuáles son siempre ciertas y cuáles pueden ser falsas.

    (a) Si $f(1) < 0$ y $f(2) > 0$, debe haber un número c en $]1,2[$ tal que $f(c) = 0$.

    (b) Si f es continua en $[1,2]$ y hay un número c en $]1,2[$ tal que $f(c) = 0$, entonces $f(1)$ y $f(2)$ deben ser de diferente signo.

    (c) Si f es continua en $[1,2]$ y no se anula en $]1,2[$, entonces $f(1)$ y $f(2)$ tienen el mismo signo.

29. Completa la siguiente tabla (f y g son funciones reales de variable real).

Formulación analítica	Interpretación gráfica
$\lim_{x \to 2^-} f(x) = -\infty$	
	La gráfica de f pasa por el origen de coordenadas.
Si $x \in [-1, 3]$, entonces $f(x) < g(x)$	
	f y g se cortan en el punto de abscisas $x = 4$.
La ecuación $f(x) = -6$ no tiene solución.	
	La recta $y = 1$ corta la gráfica de g en los puntos $(-5, 1)$ y $(1, 1)$.

30. El franqueo de las cartas varía según su peso, como se indica en la tabla siguiente.

Peso	Precio
Hasta 20	0,34
Hasta 50	0,38
Hasta 100	0,54
Hasta 200	0,84
Hasta 350	1,50
Hasta 1000	2,85
Hasta 2000	3,60

    (a) ¿Cuanto costaría franquear una carta de 145 g?

    (b) Representa la gráfica de la función que nos indica el precio del franqueo según el peso de la carta. Elige adecuadamente la escala de los ejes para que se refleje toda la información.

    (c) ¿Es continua dicha función? ¿Cómo se llaman este tipo de funciones?

31. (a) Si $g(x) = 3x + 2$ y $h(x) = 9x^2 + 12x + 1$, encuentra una función f tal que $f \circ g = h$.

    (b) Si $g(x) = 2x - 3$ y $h(x) = x^2 + 1$, encuentra una función f tal que $f \circ g = h$.

32. Si $f(x) = g(x)$ salvo en 2009 puntos, qué puedes decir de los límites de ambas funciones en $x = 5$?

8 Funciones a trozos

Una función definida a trozos (también denominada función por partes) es una función cuya definición cambia dependiendo del valor de la variable independiente. Para el análisis de las características de esta clase de funciones ha de tratarse por separado cada una de las funciones en las que está descompuesta la función y, además, hay que prestar especial atención a los puntos de unión de estos "trozos".

Para el dominio, en lugar de partir de $\mathbb{R}$ para iniciar su estudio, hay que partir de la unión de los intervalos de cada uno de los trozos en los que está dividida la función, y de esta unión excluir los puntos con problemas. Las funciones definidas a trozos son funciones que toman distintas expresiones dependiendo de los valores que toma x. No obstante, en cada intervalo de valores de x, la función será de alguno de los tipos anteriormente estudiados y habrá que realizar el estudio pertinente, pero circunscrito al intervalo en el que esté definida cada parte.

Ejercicios

33. Determina el dominio de las funciones siguientes:

(a) $f(x) = \begin{cases} \dfrac{2x}{x-1} & \text{si } x \leq 0 \\ \sqrt{2x+1} & \text{si } x > 0 \end{cases}$

(b) $f(x) = \begin{cases} \dfrac{2x}{x-1} & \text{si } x \leq -2 \\ \sqrt{2x+1} & \text{si } x > -2 \end{cases}$

(c) $f(x) = \begin{cases} \dfrac{2x}{x-1} & \text{si } x \leq 2 \\ \sqrt{2x+1} & \text{si } x > 2 \end{cases}$

(d) $f(x) = \begin{cases} \dfrac{2x}{x-1} & \text{si } x \leq -1 \\ \sqrt{2x+1} & \text{si } x > 5 \end{cases}$

Para los puntos de corte con el eje Y, sustituiremos $x = 0$ solo en la función cuyo dominio de definición contenga al 0. Por otro lado, para el corte con el eje X, en el caso especial de las funciones definidas a trozos, ha de resolverse la ecuación $f(x) = 0$ para cada posible definición de la función y comprobar si las soluciones obtenidas pertenecen al intervalo de definición correspondiente. En el caso de que el valor obtenido para la variable x estuviera fuera del intervalo de definición, no consideraríamos el punto como válido.

Por último, para el estudio de la continuidad en funciones a trozos, además del estudio interno de cada función, ha de estudiarse que el empalme entre los diferentes trozos se haga correctamente:

Ejercicio resuelto 8.1

Calcula el valor de m para que la función

$$f(x) = \begin{cases} mx^3 - 3x & \text{si } x \leq -2 \\ 2x + 2m & \text{si } x > -2 \end{cases}$$

sea continua para todos los números reales.

Fuera de $x = -2$, la función es continua al estar definida por polinomios.

Para $x = -2$, la función cambia su definición, por lo que para estudiar la continuidad es necesario calcular el límite en este punto. Los límites laterales serán:

- $\lim\limits_{x \to -2^-} f(x) = \lim\limits_{x \to -2^-} (mx^3 - 3x) = m(-2)^3 - 3(-2) = -8m + 6$

- $\lim\limits_{x \to -2^+} f(x) = \lim\limits_{x \to -2^+} (2x + 2m) = 2(-2) + 2m = 2m - 4$

Para que exista $\lim\limits_{x \to -2} f(x)$, los límites laterales deben coincidir, por lo que: $-8m + 6 = 2m - 4$, luego $m = 1$. Para este valor de m se cumple $\lim\limits_{x \to -2} f(x) = f(-2) = -2$ y la función es continua en todos los puntos.

Ejercicios

34. Calcula el valor de k para que la siguiente función sea continua en $x = 1$.

$$f(x) = \begin{cases} \dfrac{x^2 - 1}{x^2 - 3x + 2} & \text{si } x \neq 1 \text{ y } x \neq 2 \\ 2k + 1 & \text{si } x = 1 \end{cases}$$

35. Investiga para qué valores reales son continuas las siguientes funciones y clasifica las posibles discontinui-

dades que encuentres.

(a) $f(x) = \begin{cases} 2x+6 & \text{si } x < 1 \\ x+7 & \text{si } x \geq 1 \end{cases}$

(b) $f(x) = \begin{cases} 2x+6 & \text{si } x < 1 \\ x-7 & \text{si } x \geq 1 \end{cases}$

(c) $f(x) = \begin{cases} \frac{2x+6}{x} & \text{si } x < 1 \\ x+7 & \text{si } x \geq 1 \end{cases}$

(d) $f(x) = 5 - |2x-6|$

(e) $f(x) = |x+1| - |x+5|$

(f) $f(x) = |x^2 - 3x - 10|$

(g) $f(x) = \dfrac{1}{|x|}$

36. Estudia la continuidad de la función y dibújala.

$$f(x) = \begin{cases} |x+2| & \text{si } x \leq -1 \\ x^2 & \text{si } -1 < x \leq 1 \\ 2x+1 & \text{si } x > 1 \end{cases}$$

37. Determina a y b para que que sea continua en todo $\mathbb{R}$ la función:

$$f(x) = \begin{cases} x^2+1 & \text{si } x < 0 \\ ax+b & \text{si } 0 \leq x \leq 3 \\ x-5 & \text{si } x > 3 \end{cases}$$

38. Calcula los valores de m y n para que la función

$$f(x) = \begin{cases} 3 & \text{si } x \leq 0 \\ mx+n & \text{si } 0 < x < 3 \\ -1 & \text{si } x \geq 3 \end{cases}$$

sea continua en todos los números reales.

9 Derivada y continuidad. Función derivada

Si una función tiene derivada en un punto, es decir, si existe recta tangente no vertical a su gráfica en ese punto, la gráfica de f en ese punto es continua, esto es, no presenta ni saltos ni huecos en el punto. Esto se debe a que si el límite, $\lim\limits_{h \to 0} \dfrac{f(a+h) - f(a)}{h}$ es un número, como el denominador tiende a cero, el numerador también tiene que tender a cero, es decir, $\lim\limits_{h \to 0} f(a+h) = f(a)$, luego f es continua en a.

Sin embargo, el recíproco no es cierto, ya que existen funciones continuas en un punto que no son derivables en él. Por ejemplo, la función $f(x) = |x|$ es continua en todo $\mathbb{R}$, pero no tiene recta tangente en $x = 0$.

Si existe $f'(a)$, entonces f es continua en a. Pero si f es continua en a, no tiene por qué existir $f'(a)$.

Se definen las derivadas laterales por la izquierda y por la derecha, respectivamente, de una función f en el punto $x = a$, como los límites

$$f'(a^-) = \lim_{h \to 0^-} \dfrac{f(a+h) - f(a)}{h} \quad \text{y} \quad f'(a^+) = \lim_{h \to 0^+} \dfrac{f(a+h) - f(a)}{h}$$

Si las derivadas laterales coinciden, entonces existe $\lim\limits_{h \to 0} \dfrac{f(a+h) - f(a)}{h}$, es decir, f es derivable en a, y si no coinciden, f no es derivable en a.

Ejercicios

39. Estudiar la continuidad y derivabilidad de la función

$$f(x) = \begin{cases} \dfrac{x+1}{x-1} & \text{si } x > 0 \\ x^2 + 2x - 1 & \text{si } x \leq 0 \end{cases}$$

40. Estudiar la derivabilidad y continuidad de la función

$$f(x) = \begin{cases} -4x + 5 & \text{si } x \leq 1 \\ -2x^2 + 3 & \text{si } x > 1 \end{cases}$$

41. Determinar a y b para que la función

$$f(x) = \begin{cases} x^3 - 1 & \text{si } x \leq 1 \\ ax + b & \text{si } x > 1 \end{cases}$$

sea continua y derivable en todos sus puntos.

42. Determinar a y b para que la función

$$f(x) = \begin{cases} ax^2 + bx - 1 & \text{si } x \leq 1 \\ 2bx - 2 & \text{si } x > 1 \end{cases}$$

sea continua y derivable en todos sus puntos.

43. Si $P(x)$ es un polinomio de grado 2, tal que $P(x) = P(1+x)$ para todo x, ¿qué puedes decir sobre el polinomio $P(x)$?

44. Para cada una de las siguientes condiciones, encuentra todos los polinomios $P(x)$ de grado menor o igual a 2 que las satisfagan para todo x.

    (a) $P(x) = P(-x)$

    (b) $P(2x) = 2P(x)$

45. Supón que f es una función para la que

$$\lim_{h \to 0} \frac{f(2+h) - f(2)}{h} = 0$$

¿Cuáles de las siguientes afirmaciones tienen que ser verdaderas, cuáles pueden ser verdaderas y cuáles son con seguridad falsas?

    (a) $f'(2) = 2$

    (b) f es continua en $x = 0$.

    (c) $f(2) = 0$

    (d) f es discontinua en $x = 2$.

46. Supón que f y g son funciones derivables para las que se verifican las dos condiciones siguientes:

    - Condición 1: $f(0) = 0$ y $g(0) = 1$
    - Condición 2: $f'(x) = g(x)$ y $g'(x) = -f(x)$

    (a) Sea $h(x) = f^2(x) + g^2(x)$, calcula $h'(x)$ y utiliza el resultado que obtengas para demostrar que $h(x) = 1$, para todo x.

(b) Supón que F y G son otro par de funciones derivables que satisfacen las condiciones 1 y 2, y sea

$$k(x) = [F(x) - f(x)]^2 + [G(x) - g(x)]^2$$

Calcula $k'(x)$ y utiliza el resultado que obtengas para deducir que relación existe entre f y F y entre g y G.

(c) Muestra un par de funciones f y g que satisfagan las condiciones 1 y 2. ¿Puede haber otras?

47. Se considera la función $f(x) = \begin{cases} x^2 + 1 & \text{si } x \leq 1 \\ -x + 3 & \text{si } x > 1 \end{cases}$

    (a) ¿Es f continua en $x = 1$?

    (b) Comprueba que no existe $f'(1)$.

    (c) ¿Existe recta tangente en $P(1, f(1))$?

48. Investiga si las siguientes afirmaciones son verdaderas o falsas.

    (a) Si $f(3) > g(3)$, entonces $f'(3) \geq g'(3)$.

    (b) Si $f(x) \cdot g(x) = x$, entonces no hay ningún valor de x para el que se anulen simultáneamente $f'(x)$ y $g'(x)$.

    (c) La gráfica de $f(x) = \dfrac{x}{x^2 + 1}$ no tiene ningún punto con tangente paralela a la recta $y = x$.

49. Calcula la ecuación de la tangente a la curva $y = \sqrt[3]{x - 2}$ en el punto de abscisa 10, deduciendo previamente la derivada de dicha función.

50. ¿Hay alguna curva que tenga la misma pendiente en todos sus puntos?

51. Halla los dos puntos en los que la curva $y = x^4 - 2x^2 - x$ tiene la misma tangente.

10 Crecimiento y decrecimiento. Extremos relativos

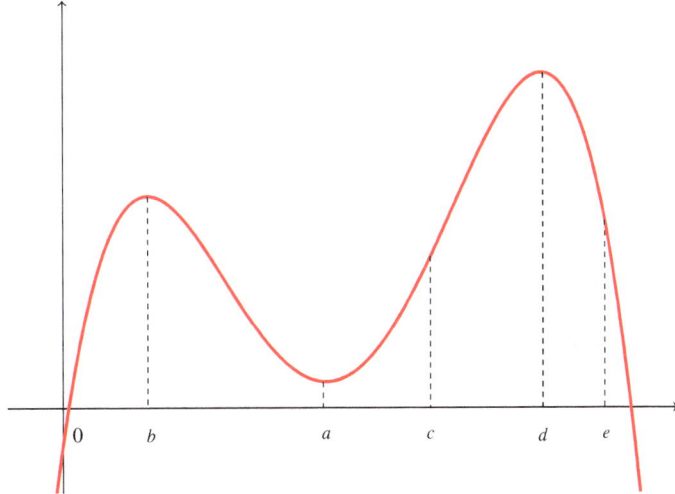

Si la gráfica de $y = f(x)$ es la de la figura, entonces se dice que f es creciente en $]-\infty, a[$ y en $]b, c[$, y decreciente en $]a, b[$ y en $]c, +\infty[$. Esta idea se puede trasladar al comportamiento de la función en un punto en vez de en un intervalo. Así pues, f es creciente en e, decreciente en d y no es ni creciente ni decreciente en a, b y c.

Además, los puntos en los que una función no es ni creciente ni decreciente tienen nombre propio. Decimos que f tiene en a y en c un máximo y en b un mínimo. Como f no necesariamente toma el mayor o el menor valor de su recorrido en estos puntos, diremos que en a y en c presenta un máximo relativo, y en b, un mínimo relativo.

Sea una función $f(x)$ definida en un entorno de un punto $x = a$. Se dice que una función es **creciente** en un punto si al aumentar ligeramente el valor de la variable x, el valor de su imagen, $f(x)$ también aumenta y, paralelamente, si al disminuir ligeramente el valor de la variable x, el valor de su imagen, $f(x)$, también disminuye: $f(x)$ es creciente en el punto $x = a$ si existe un entorno de a para el que se cumple:

- $f(a) < f(x)$ para todo punto x de dicho entorno situado a la derecha de a ($x > a$).

- $f(a) > f(x)$ para todo punto x de dicho entorno situado a la izquierda de a ($x < a$).

Análogamente, una función es **decreciente** en un punto si al disminuir ligeramente el valor de la variable x, el valor de su imagen, $f(x)$ aumenta y, paralelamente, si al aumentar ligeramente el valor de la variable x, el valor de su imagen, $f(x)$, disminuye: $f(x)$ es decreciente en el punto $x = a$ si existe un entorno de a para el que:

- $f(a) > f(x)$ para todo punto x de dicho entorno situado a la derecha de a ($x > a$).

- $f(a) < f(x)$ para todo punto x de dicho entorno situado a la izquierda de a ($x < a$).

Llamamos **máximo** de una función a un punto tal que la función es creciente en puntos inmediatamente anteriores a él y decreciente en puntos inmediatamente posteriores a él: $f(x)$ tiene un máximo relativo en $x = a$ si para todo punto $x \neq a$ de un entorno de a se cumple que $f(a) > f(x)$.

Análogamente, llamamos **mínimo** de una función a un punto tal que la función es decreciente en puntos inmediatamente anteriores a él y creciente en puntos inmediatamente posteriores a él: $f(x)$ tiene un mínimo relativo en $x = a$ si para todo punto $x \neq a$ de un entorno de a se cumple que $f(a) < f(x)$.

A partir de lo expuesto, se observa que si una función tiene derivada en un punto, hay una relación estrecha entre el signo de la derivada y el hecho de que sea creciente o no en ese punto.

Ejercicio resuelto 10.1

Suponiendo que la función f es derivable en cualquier punto de su dominio, estudia si las siguientes afirmaciones son verdaderas o falsas.

(a) Si $f'(x_0) < 0$, entonces f es decreciente en x_0.

(b) Si $f'(x_0) \geq 0$, entonces f es creciente en x_0.

(c) Si f es creciente en x_0, entonces $f'(x_0) > 0$.

(d) Si f presenta un máximo relativo en x_0, entonces $f(x_0) = 0$.

(e) Si $f'(x_0) = 0$, entonces f tiene un máximo o un mínimo relativo en x_0.

(a) Es verdadera, en efecto: si $f'(x_0) < 0$, entonces la recta tangente en $P(x_0, f(x_0))$ tiene pendiente negativa, luego f es decreciente en ese punto.

(b) Es falsa, pues puede darse que, por ejemplo, sea $f'(x_0) = 0$ y el punto $P(x_0, f(x_0))$ ser un máximo o un mínimo relativo.

(c) Es también falsa, pues si f es creciente, es posible que $f'(x_0) = 0$.

(d) Es verdadera. En efecto, en los máximos relativos la tangente es horizontal, luego la derivada es 0.

(e) Es falsa. El hecho de que la derivada sea 0 no excluye que f sea creciente o decreciente.

Los resultados obtenidos en el ejemplo anterior se resumen en:

- Si $f'(x_0) > 0$, entonces f es creciente en x_0. Si la derivada en un punto es positiva, la recta tangente en ese punto tiene pendiente positiva y será creciente en ese punto.

- Si f presenta un máximo o un mínimo relativo en x_0, entonces $f'(x_0) = 0$. En los máximos o mínimos relativos, la tangente es horizontal y, por tanto, la derivada en ellos será cero.

- Si $f'(x_0) < 0$, entonces f es decreciente en x_0. Si la derivada en un punto es negativa, la recta tangente en ese punto tiene pendiente negativa y será decreciente en x_0.

En las funciones definidas a trozos, o en los casos en los que la función no sea continua, hay que analizar intervalo a intervalo todos los conjuntos que conforman el dominio de definición de la función. En estos casos, además de los máximos y mínimos propios de cada función de forma interna, hay que incluir entre los puntos candidatos a ser máximo o mínimo aquéllos que son cambios de definición de la función, es decir, los extremos de los intervalos en los que la función se divide.

Ejercicio resuelto 10.2

Halla una parábola que pase por el punto $A(-1, -11)$ y cuyo máximo absoluto sea el punto $V(3, 5)$.

Sea $f(x) = ax^2 + bx + c$ la parábola buscada. Hay que calcular los valores de los coeficientes a, b y c.

- f pasa por $A(-1, -11)$, luego $f(-1) = a(-1)^2 + b(-1) + c = -11$.

- f pasa por $V(3, 5)$, por tanto, $f(3) = a \cdot 3^2 + b \cdot 3 + c = 5$.

- f tiene un máximo en $V(3, 5)$, se tiene que $f'(3) = 0$. Como $f'(x) = 2ax + b$, $f'(3) = 2a \cdot 3 + b = 0$.

Resolviendo el sistema formado por las ecuaciones anteriores, la solución es: $a = -1$, $b = 6$ y $c = -4$, luego la parábola es $f(x) = -x^2 + 6x - 4$.

Ejercicio resuelto 10.3

Se considera la función $f(x) = 6x^5 - 15x^4 - 80x^3 + 1$. Estudia sus máximos y mínimos relativos, así como sus intervalos de crecimiento y decrecimiento.

Se halla la derivada de $f(x)$ y se factoriza para estudiar su signo.

$$f'(x) = 30x^4 - 60x^3 - 240x^2 = 30x^2(x^2 - 2x - 8) = 30x^2(x+2)(x-4)$$

Como $f'(x)$ se anula en $x = -2$, $x = 0$ y $x = 4$, se estudia el signo de $f'(x)$ en los intervalos de extremos esos valores, usando la tabla de signos de abajo: Si $x < -2$ o $x > 4$, $f'(x) > 0$ y, por tanto, f es creciente en la region $]-\infty, -2[\cup]4, +\infty[$.
Si $-2 < x < 4$, $x \neq 0$, $f'(x) < 0$ y, por tanto, f es decreciente en la zona $]-2, 4[- \{0\}$.

	$]-\infty,-2[$	$]-2,4[$	$]4,+\infty[$
$x+2$	$-$	$+$	$+$
$x-4$	$-$	$-$	$+$
$f'(x)$	$+$	$-$	$+$
$f(x)$	↗	↘	↗

Así pues, sin necesidad de estudiar con precisión el comportamiento de la función en las proximidades de -2, 0 y 4, se puede esbozar la gráfica de $y = f(x)$.

En $x = -2$, la función pasa de creciente a decreciente; así, el punto $(-2, f(-2))$ es un máximo relativo. En $x = 4$, la gráfica pasa de decreciente a creciente y, por tanto, $(4, f(4))$ es un mínimo relativo. Aunque en el punto $(0, f(0))$ hay tangente horizontal, ya que $f'(0) = 0$, la función es decreciente a la izquierda de $x = 0$ y continua siendo decreciente a la derecha de $x = 0$, por lo que dicho punto no es ni máximo ni mínimo relativo.

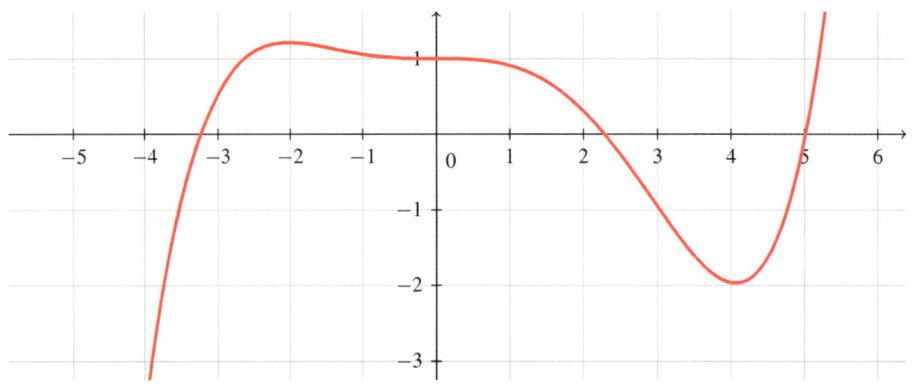

Ejercicios

52. Justifica si las siguientes afirmaciones son verdaderas o falsas.

    (a) Si $f'(x_0) \leq 0$, entonces f es decreciente en x_0.

    (b) Si $f'(x_0) > 0$, entonces f es creciente en x_0.

    (c) Si f es decreciente en x_0, entonces $f'(x_0) \leq 0$.

53. Señala las abscisas de todos los puntos donde es posible que la función $f(x) = 3x^5 - 5x^3 + 1$ presente un máximo o un mínimo relativo.

54. Determina los máximos y mínimos relativos, así como los intervalos de crecimiento y decrecimiento de las siguientes funciones.

    (a) $f(x) = x^4 - 2x^2 + 4$ (b) $f(x) = 3x^5 + 5x^3$

55. Hallar los máximos y mínimos absolutos, si existen, de $f(x) = \dfrac{1}{x^5 + x + 1}$ en $[-\frac{1}{2}, 1]$ y $]0, 1]$.

56. Calcula qué valores deben tener las constantes a, b, c y d para que la función $f(x) = ax^3 + bx^2 + cx + d$ tenga un mínimo relativo en el punto $P(-2, -3)$, un máximo relativo para $x = 1$ y $f(0) = -1$.

57. Dada la función $f(x) = \sqrt{x^2 - 8}$

    (a) Calcula, si es posible, $f'(3)$ y $f'(2)$.

(b) ¿Dónde está definida $f(x)$? ¿y $f'(x)$?

(c) Halla los extremos relativos de f.

58. Halla los puntos de la parábola $y = x^2$ de abscisa no negativa que estén más cerca del punto $P\left(0, \frac{3}{2}\right)$.

59. Escribe una función polinómica de tercer grado, $f(x) = ax^3 + bx^2 + cx + d$, con $b \neq 0$, que no tenga ni máximos ni mínimos relativos.

60. Determina los máximos y mínimos relativos de la función $f(x) = 3x^4 - 6x^2$.

61. Escribe una función polinómica de tercer grado que tenga un máximo y un mínimo.

62. De todas las rectas que pasan por $P(1,4)$, calcula la ecuación de la que determina con los semiejes positivos un triángulo de area mínima.

63. Determinar el parámetro c para que el mínimo de la función $f(x) = x^2 + 2x + c$ sea igual a 8.

64. La posición de una partícula en función del tiempo en un movimiento rectilíneo viene dada por la expresión

$$x(t) = -2t^3 + 12t^2 - 5t + 1$$

Calcula:

(a) La velocidad y la aceleración de la partícula en función del tiempo.

(b) Los valores máximo y mínimo de la velocidad.

(c) Los intervalos de tiempo en los cuales la partícula tiene aceleración positiva y negativa.

65. Halla los valores de las constantes a, b y c que hacen que la parábola $f(x) = ax^2 + bx + c$ pase por el punto $P(-1, 20)$ y tenga un máximo relativo en $Q(3, 12)$.

66. Estudiar el crecimiento y decrecimiento y los máximos y mínimos de la función $f(x) = x^3 - 9x^2 + 24x - 20$.

67. Estudiar los máximos y mínimos de la función $f(x) = \dfrac{3x - 1}{3x^2 + 1}$.

68. Hallar m, n y p de la función $f(x) = x^3 + mx^2 + nx + p$, sabiendo que pasa por el $(0,2)$ y que $f'(2) = f'(0) = 1$.

69. Esboza la gráfica de $y = f'(x)$ a partir de la de $y = f(x)$.

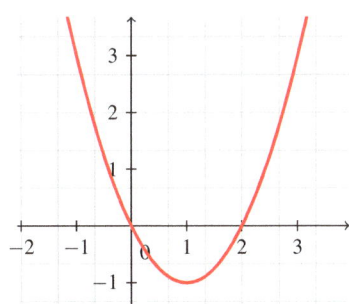

70. Dibuja la gráfica de una función $y = f(x)$ para que cumpla las siguientes condiciones: $f'(-2) = 1$, $f'(-1) = 0$, $f'(0) = -1$, $f'(3) = 0$, $f'(5) = 2$.

11 Aplicaciones de la derivada segunda

11.1. Curvatura y puntos de inflexión

Si se observan las gráficas de las funciones representadas en las siguientes gráficas, se ve que en la de la izquierda, hasta el punto de abscisa a, la curva está siempre por encima de la recta tangente en cada punto, y a partir de $x = a$, está siempre por debajo de la correspondiente tangente.

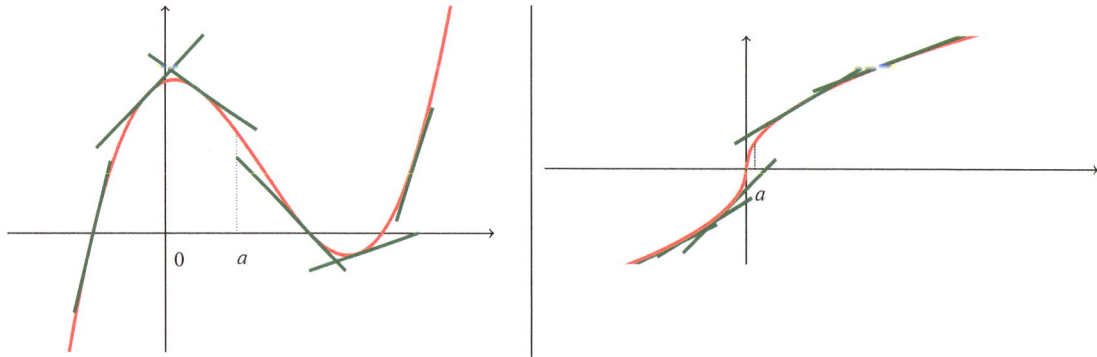

Sin embargo, en la gráfica de la derecha, la posición relativa de la curva y sus tangentes es justo la contraria que en la anterior.

La posición relativa de una curva y sus tangentes en los distintos puntos de su dominio define lo que se conoce como **curvatura** de una función en un punto.

Por otra parte, los puntos como el a de la figura, en donde se produce el cambio de la posición relativa entre la curva y sus tangentes se denominan **puntos de inflexión** de la función.

La forma de estudiar la curvatura de una función es sencilla en los puntos en que ésta es derivable, ya que la curvatura está relacionada con el signo de la segunda derivada de una función.

Ejercicio resuelto 11.1

Observa la curvatura de la función $f(x) = 2x^3 - 3x^2$ y relaciónala con el signo de su derivada segunda.

Para ello se determina primero el signo de la segunda derivada.
Las dos primeras derivadas de la función son

- $f'(x) = 6x^2 - 6x$
- $f''(x) = 12x - 6$

La solución de $f''(x) = 12x - 6 = 0$ es $x = \frac{1}{2}$, por lo que si $x > \frac{1}{2}$ entonces $f''(x) > 0$ y si $x < \frac{1}{2}$ entonces $f''(x) < 0$.

Si se compara este resultado con la gráfica, se deducen las siguientes conclusiones sobre la relación entre el signo de $f''(x)$ y la posición de la gráfica de $f(x)$ respecto de la recta tangente en cada punto.

Signo de $f''(a)$	Posición de la curva respecto de la tangente
+	Curva por encima de la tangente
−	Curva por debajo de la tangente
0	No se puede asegurar nada

Aunque no se trata de una demostración rigurosa, se justifica este resultado con los siguientes argumentos.

- Si $f''(a) > 0$, entonces la función $f'(x)$ es creciente en a, por lo que la recta tangente estará cada vez más vertical (suponemos que $f'(a) \geq 0$), es decir, la gráfica está por encima de la tangente.

- Si $f''(a) < 0$, $f'(x)$ es decreciente en a, y la recta tangente será cada vez más horizontal (suponiendo $f'(a) \geq 0$), esto es, la gráfica está por debajo de la tangente.

- En el caso $f''(a) = 0$ no se puede asegurar nada.

Si la curva está por encima de la tangente en un punto $P(a, f(a))$, diremos que f es **cóncava hacia arriba** o **convexa** en ese punto.

Si la curva está por debajo de la tangente en $P(a, f(a))$, diremos que f es **cóncava hacia abajo** o simplemente **cóncava** en ese punto.

Si la curva cambia de posición respecto de la tangente en $P(a, f(a))$, diremos que $P(a, f(a))$ es un **punto de inflexión**.

Con estas definiciones se puede escribir:

- Si $f''(a) > 0$, f es cóncava hacia arriba en a.

- Si $f''(a) < 0$, f es cóncava hacia abajo en a.

- Si $f''(a) = 0$, no se puede asegurar nada, pero si f presenta un punto de inflexión en $P(a, f(a))$, entonces $f''(a) = 0$.

Ejercicio resuelto 11.2

Dada la curva $f(x) = x^3 - 3x^2 + 2$:

(a) Determina la ecuación de la recta tangente a la gráfica de f en el punto de abscisa $x = 1$.

(b) Estudia la posición relativa de la curva respecto a dicha tangente.

(a) El punto de tangencia es $T = (1, f(1)) = (1, 0)$, y la pendiente de la recta tangente en dicho punto es $f'(1)$.

La derivada de f es $f'(x) = 3x^2 - 6x$ y al sustituir en el punto de tangencia, $f'(1) = 3 \cdot 1^2 - 6 \cdot 1 = -3$. La recta tangente es: $y - f(1) = f'(1) \cdot (x - 1)$, es decir, $y - 0 = -3(x - 1)$ y en forma general, $y = -3x + 3$.

(b) Para estudiar la posición relativa de la curva respecto a la tangente, esto es, si la curva queda por encima o por debajo de la tangente, hay que estudiar el signo de $f(x) - (-3x + 3)$. Si es positivo, la curva va por arriba, y si es negativo, la curva va por debajo de la tangente:

$$f(x) - (-3x + 3) = x^3 - 3x^2 + 2 - (-3x + 3) = x^3 - 3x^2 + 3x - 1 = (x - 1)^3,$$

expresión que es negativa si $x < 1$ y positiva si $x > 1$. Así pues:

- Si, $x < 1$, $f(x) - (-3x + 3) < 0$ la curva va por debajo de la tangente.
- Si, $x > 1$, $f(x) - (-3x + 3) > 0$ la curva va por encima de la tangente.

Para $x = 1$, se tiene el punto de tangencia antes indicado.

11.2. Test de la segunda derivada para el cálculo de extremos relativos

La segunda derivada también sirve para saber si un punto de tangente horizontal es máximo o mínimo. Si $f'(a) = 0$, es decir, si la tangente en $P(a, f(a))$ es horizontal, entonces:

- Si $f''(a) > 0$, la curva está por encima de la tangente y, por tanto, el punto $P(a, f(a))$ es un mínimo relativo.

- Si $f''(a) < 0$, la curva está por debajo de la tangente y, por tanto, el punto $P(a, f(a))$ es un máximo relativo.

- Si $f''(a) = 0$, el test no sirve, y habrá que estudiar el signo de $f'(x)$ a la izquierda y a la derecha de a.

Ejercicio resuelto 11.3

Calcula los puntos de inflexión de la función $f(x) = x^3 + 6x^2 - 3$.

Se iguala a cero la derivada segunda: $f''(x) = 6x + 12 = 0$ que da como resultado $x = -2$.
Como la segunda derivada cambia de signo en este punto, se concluye que $f(x)$ tiene un punto de inflexión en $x = -2$. La ordenada en este punto será $f(-2) = 13$.

Ejercicios

71. Halla la ecuación de la recta tangente a
$$y = \frac{x}{x^2 + 1}$$
en su punto de inflexión de abscisa positiva.

72. Estudia la curvatura y determina la abscisa de los puntos de inflexión de $f(x)$ sabiendo que:
$$f''(x) = (x+1)(x-3)^2(x-7)$$

73. ¿Es posible encontrar una función polinómica de tercer grado que no tenga ningún punto de inflexión?

74. Estudiar la variación (crecimiento, decrecimiento, extremos, concavidad, convexidad e inflexiones) de las siguientes funciones:

    (a) $f(x) = x^3 + x + 1$
    (b) $f(x) = (x-1)^3 x^2$

75. Calcular el punto de la curva $f(x) = \dfrac{1}{1+x^2}$ en que la pendiente de la recta tangente sea máxima.

76. Determina la posición de los puntos de inflexión de las siguientes funciones indicando, en su caso, si son o no de tangente horizontal.

    (a) $f(x) = x^4 - x^2$
    (b) $f(x) = x^5 + 3x^3 - 1$

77. Se considera la función $f(x) = x^3 - 3x^2 + 1$.

    (a) Calcula la ecuación de la recta tangente en su punto de inflexión.
    (b) ¿Hay algún punto de esta curva en el que la recta tangente sea perpendicular a $x - 4y + 5 = 0$?

78. Analiza si las siguientes afirmaciones son o no verdaderas, sabiendo que las funciones f y g tienen segunda derivada continua en todo $\mathbb{R}$.

(a) Si $f''(a) = g''(a)$, entonces f y g tienen tangentes paralelas en a.

(b) Si $f''(a) = 0$, entonces f tiene tangente horizontal en a.

(c) Si $f''(a) \cdot g''(a) < 0$, entonces es posible que $f \circ g$ tengan un punto de inflexión en a.

(d) Si $f''(a) > 0$ y $f''(b) < 0$, entonces entre a y b hay un punto de inflexión.

(e) Si $f''(a) = 0$, entonces f tiene un punto de inflexión en a.

79. Calcula las abscisas de los puntos de inflexión de $f(x)$ si $f''(x) = (x-2)(x-4)^2(x+5)$.

12 Estudio general de funciones. Representación

12.1. Funciones polinómicas.

Las funciones más sencillas son las polinómicas, es decir, aquellas que se pueden escribir en forma de polinomio. Como ya se ha estudiado, son continuas en todo $\mathbb{R}$, por que no tienen asíntotas verticales. Por otra parte, al ser su expresión $f(x) = a_n x^n + a_{n-1} x^{n-1} + \cdots + a_1 x + a_0$, donde $a_n \neq 0$ se pueden escribir como

$$f(x) = x^n \cdot \left[a_n + \frac{a_{n-1}}{x} + \frac{a_{n-2}}{x^2} + \cdots + \frac{a_1}{x^{n-1}} + \frac{a_0}{x^n} \right]$$

Por lo que

- Si n es par, $\begin{cases} \lim\limits_{x \to \pm\infty} f(x) = +\infty & \text{si } a_n > 0 \\ \lim\limits_{x \to \pm\infty} f(x) = -\infty & \text{si } a_n < 0 \end{cases}$.

- Si n es impar, $\begin{cases} \lim\limits_{x \to \pm\infty} f(x) = \pm\infty & \text{si } a_n > 0 \\ \lim\limits_{x \to \pm\infty} f(x) = \mp\infty & \text{si } a_n < 0 \end{cases}$.

Las dos gráficas siguientes son ejemplos del caso n impar. Así pues, si el grado es mayor que cero, tampoco tienen asíntotas horizontales. Además, como $f(x) - (mx + n)$ es otro polinomio, tampoco tienen asíntotas oblicuas, siempre que el grado sea mayor que uno.

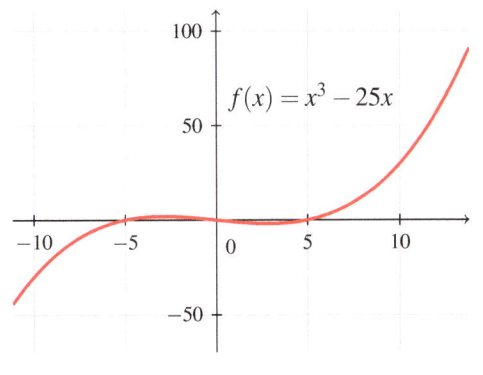
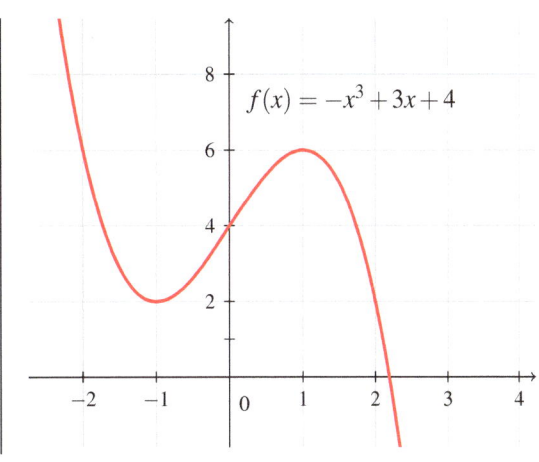

12.2. Funciones polinómicas lineales

Son funciones que tienen como expresión genérica $y = mx + n$ y son líneas rectas. A las constantes m y n se les denomina, respectivamente, *pendiente* y *término de interceptación*, ya que el valor de m influye en la inclinación de la recta y el de n sobre su posición sobre los ejes, más en concreto es la ordenada del punto en el que se corta al eje Y.

Característica	Valor para esta función
Dominio	$\mathbb{R}$
Rango	$\mathbb{R}$
Puntos de corte	Eje X: $\left(-\frac{n}{m}, 0\right)$ Eje Y: $(0, n)$
Máximos y mínimos	No tiene
Crecimiento y decrecimiento	La función es siempre creciente si $m > 0$ y siempre decreciente si $m < 0$.
Paridad	La función es impar sólo en el caso en que $n = 0$.
Periodicidad	No tiene.

Caso especial 1: $y = a$ Se trata de un tipo de línea recta, en el que la pendiente $m = 0$ y el término de interceptación es a. Se trata pues, de una línea horizontal, paralela al eje X.

Característica	Valor para esta función
Dominio	$\mathbb{R}$
Rango	$\{a\}$
Puntos de corte	Eje X: Ninguno, a no ser que $a = 0$. Eje Y: $(0, a)$
Máximos y mínimos	No tiene
Crecimiento y decrecimiento	La función es constante.
Paridad	La función es par siempre y además, impar en el caso en que $a = 0$.
Periodicidad	No tiene.

Caso especial 2: $x = b$ Se trata de un tipo de línea recta, en el que la pendiente $m = \infty$ y la que no existe el término de interceptación. Se trata pues, de una línea vertical, paralela al eje Y.

Característica	Valor para esta función
Dominio	$\{b\}$
Rango	$\mathbb{R}$
Puntos de corte	Eje X: $(b,0)$.
	Eje Y: Ninguno, a no ser que $b=0$
Máximos y mínimos	No tiene
Crecimiento y decrecimiento	No tiene.
Paridad	La función es par e impar en el caso en que $b=0$.
Periodicidad	No tiene.

Estos dos casos especiales son casos anómalos que no suelen darse en el análisis de funciones, especialmente este último.

12.2.1. La función polinómica de segundo grado. La parábola

La función polinómica que más aparece en matemáticas y en física es la de segundo grado. Es de la forma $f(x) = ax^2 + bx + c$ (con $a,b,c \in \mathbb{R}$, $a \neq 0$) y se puede escribir:

$$f(x) = ax^2 + bx + c = a\left[x^2 + \frac{b}{a}x + \frac{c}{a}\right] = a\left[\left(x + \frac{b}{2a}\right)^2 + \frac{c}{a} - \frac{b^2}{4a^2}\right] = a\left(x + \frac{b}{2a}\right)^2 + c - \frac{b^2}{4a}$$

con lo que se aprecia que dicha curva presenta un eje de simetría en la recta vertical $x = \frac{-b}{2a}$, pues puntos con abscisas situadas a igual distancia de esta recta tienen la misma ordenada.

La gráfica de la función $f(x) = ax^2 + bx + c$ es una curva que recibe el nombre de **parábola**. La recta vertical $x = \frac{-b}{2a}$ es el **eje** de la parábola, y el punto de corte entre ésta y el eje se llama **vértice**.

El vértice de la parábola tiene por coordenada horizontal $x_v = \frac{-b}{2a}$.

La parábola es el lugar geométrico de los puntos del plano que equidistan de un punto F llamado foco y de una recta d llamada **directriz**.

Característica	Valor para esta función
Dominio	$\mathbb{R}$
Rango	Si $a > 0$, $\left[c - \frac{b^2}{4a}, +\infty\right[$ Si $a < 0$, $\left]-\infty, c - \frac{b^2}{4a}\right]$
Puntos de corte	Eje X: Se resuelve la ecuación $ax^2 + bx + c = 0$. Las soluciones (que pueden ser 0, 1 ó 2, dependiendo del signo de $b^2 - 4ac$ son las abscisas de los puntos de corte con el eje X. Eje Y: $(0, c)$
Máximos y mínimos	El punto $\left(-\frac{b}{2a}, c - \frac{b^2}{4a}\right)$ es máximo si $a < 0$ y mínimo si $a > 0$.
Crecimiento y decrecimiento	Si $a > 0$, la función es decreciente en $\left]-\infty, -\frac{b}{2a}\right[$ y creciente en $\left]-\frac{b}{2a}, +\infty\right[$ e, inversamente, si $a < 0$, la función es creciente en $\left]-\infty, -\frac{b}{2a}\right[$ y decreciente en $\left]-\frac{b}{2a}, +\infty\right[$.
Paridad	La función es par sólo en el caso en que $b = 0$.
Periodicidad	No tiene.

Ejercicio resuelto 12.1

Encuentra posibles funciones para los polinomios cuyas gráficas son:

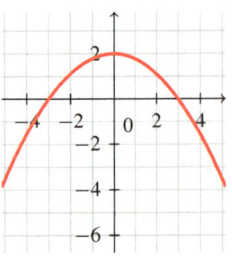 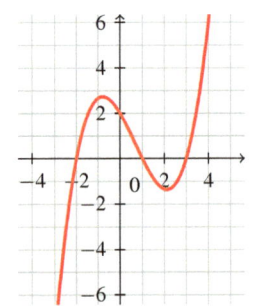 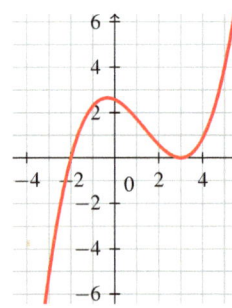

(a) Al cortar la gráfica de f el eje de abscisas en -3 y 3, debe tener los factores $x+3$ y $x-3$, por lo que $f(x) = k(x+3)(x-3)$. Como $f(0) = 2$, entonces $2 = k \cdot 3 \cdot (-3)$, por lo que $k = -\frac{2}{9}$ y $f(x) = -\frac{2}{9}(x+3)(x-3) = -\frac{2}{9}x^2 + 2$. Otra función que cumple las condiciones anteriores sería $f(x) = -\frac{2}{81}x^4 + 2$. En general, se pueden dar muchas respuestas a estas cuestiones.

(b) La función podría ser $g(x) = k(x+2)(x-1)(x-3)$, y como $g(0) = 2$, $k = \frac{1}{3}$ y una fórmula para g sería $g(x) = \frac{1}{3}(x+2)(x-1)(x-3)$.

(c) La gráfica de $h(x)$ tiene bastante parecido con la de $g(x)$. Si se bajase un poco, sería algo parecido a $h(x) = k(x+2)(x-2,9)(x-3,1)$, y si ésta se moviese a su posición original, los puntos de corte con el eje X, $2,9$ y $3,1$ se moverían hacia $x = 3$, y se concluye que $h(x) = k(x+2)(x-3)^2$.

Además, si $x > 3$, $h(x) > 0$, y si $-2 < x < 3$ también es $h(x) > 0$. Al no disponer de más datos, no se puede calcular k, pero sí se sabe que debe ser positivo, pues $\lim\limits_{x \to \infty} h(x) = +\infty$. Los valores como $x = 3$, en esta función reciben el nombre de **ceros** o **raíces dobles** mientras que $x = -2$ es un **cero** o **raíz simple**.

Las funciones polinómicas de grado superior a uno no presentan ningún tipo de asíntotas, su dominio es $\mathbb{R}$ y son continuas en todos los puntos. Así, la información esencial sobre su gráfica viene dada por los cortes con los ejes, su posible simetría, sus límites en el infinito, sus extremos relativos (máximos o mínimos), sus intervalos de crecimiento y el estudio de su curvatura y puntos de inflexión.

Ejercicio resuelto 12.2

Dibuja la gráfica de $f(x) = 3x^4 - 4x^3$.

Como f es un polinomio, su dominio es $\mathbb{R}$, es continua y no tiene asíntotas.

(a) Puntos de corte con los ejes.

- Corte con el eje Y, $(x = 0)$: $f(0) = 0$, luego $(0,0)$ es el punto de corte con el eje Y.
- Corte con el eje X, $(y = 0)$: $3x^4 - 4x^3 = x^3(3x - 4) = 0$, es decir, $x = 0$ y $x = \frac{4}{3}$. De esta forma, $(0,0)$ y $\left(\frac{4}{3}, 0\right)$ son los puntos de corte con el eje X.

(b) Simetría.

$f(-x) = 3x^4 + 4x^3$, que es distinto de $f(x)$ y de $-f(x)$, por lo que f no es simétrica ni respecto del eje vertical ni respecto del origen de coordenadas (no es ni par ni impar).

(c) Límites en el infinito.

$\lim\limits_{x \to +\infty} f(x) = +\infty$ y $\lim\limits_{x \to -\infty} f(x) = -\infty$.

(d) Crecimiento y decrecimiento. Máximos y mínimos relativos.

Se hallan los puntos de tangente horizontal y se estudia el signo de la primera derivada, $f'(x) = 12x^3 - 12x^2 = 12x^2(x-1)$, luego $f'(x) = 0$ sólo si $x = 0$ o $x = 1$.

Además, la inecuación $f'(x) > 0$ tiene por solución $x > 1$, luego la función es creciente si $x \in]1, +\infty[$, y decreciente si $x \in]-\infty, 1[$. Por tanto, en el punto $(1, f(1)) = (1, -1)$, la función posee un mínimo relativo.

A igual conclusión se llega si se aplica el criterio de la segunda derivada. En efecto, $f''(x) = 36x^2 - 24x = 12x(3x - 2)$, por lo que $f''(1) = 12 > 0$ y así $(1, -1)$ es un mínimo relativo.

(e) Curvatura y puntos de inflexión.

$f''(x) = 36x^2 - 24x = 0$ sólo si $x = 0$ o $x = \frac{2}{3}$, por lo que los únicos posibles puntos de inflexión son $(0, 0)$ y $\left(\frac{2}{3}, f\left(\frac{2}{3}\right)\right) = \left(\frac{2}{3}, -\frac{16}{27}\right)$. Para confirmar si lo son o no, se estudia el signo de la segunda derivada, resolviendo la inecuación $f''(x) > 0$. Así determinamos los intervalos en los que la función es cóncava hacia arriba ($\cup$) o hacia abajo ($\cap$).

	$]-\infty, 0[$	$]0, \frac{2}{3}[$	$]\frac{2}{3}, +\infty[$
x	$-$	$+$	$+$
$3x-2$	$-$	$-$	$+$
f''	$+$	$-$	$+$
f	$\cup$	$\cap$	$\cup$

De los datos de la tabla anterior se concluye que los puntos $(0,0)$ y $\left(\frac{2}{3}, -\frac{16}{27}\right)$ son puntos de inflexión, ya que en ambos se produce un cambio de curvatura. En el caso de $(0,0)$, el punto de inflexión se llama de tangente horizontal porque en él se cumple también que $f'(x) = 0$.

Con estos datos se dispone de suficiente información para poder dibujar la gráfica siguiente, que corresponde a la función pedida.

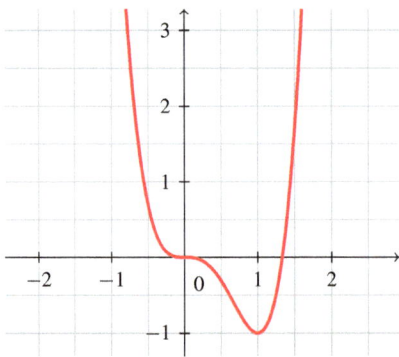

Este ejemplo sirve para ilustrar que en algunas ocasiones no es posible determinar con precisión ni los cortes con los ejes ni las abscisas de los posibles extremos relativos. Sin embargo, ello no impide, en muchos casos, poder esbozar la gráfica de la función.

Ejercicio resuelto 12.3

Esboza la gráfica de la función $f(x) = x^4 - 6x^2 + 5x + 2$.

Como f es un polinomio, su dominio es $\mathbb{R}$, es continua y no tiene asíntotas.

(a) Puntos de corte con los ejes.

Corte con el eje Y, $(x = 0)$: entonces $f(0) = 0$ y $(0, 2)$ es el punto de corte con el eje Y.

Corte con el eje X, $(y = 0)$: resolvemos $x^4 - 6x^2 + 5x + 2 = 0$. Esta ecuación no se resuelve fácilmente, por lo que no es posible hallar con precisión los puntos de corte con el eje X.

(b) Simetría.

$f(-x) = x^4 - 6x^2 - 5x + 2$, diferente de $f(x)$ y de $-f(x)$; por tanto, f no es simétrica ni respecto al eje vertical ni respecto del origen de coordenadas (ni par ni impar).

(c) límites en el infinito.

$\lim\limits_{x \to +\infty} f(x) = +\infty$ y $\lim\limits_{x \to -\infty} f(x) = +\infty$

(d) Crecimiento y decrecimiento. Máximos y mínimos relativos.

En este caso no resulta sencillo resolver la ecuación $f'(x) = 4x^3 - 12x + 5 = 0$, pero sí se puede analizar su signo. Como $\lim_{x \to -\infty} f'(x) = -\infty$ se sabe que hay valores negativos de x para los que la derivada es negativa, por ejemplo, $f'(-2) < 0$. Además, se comprueba por simple sustitución que $f'(-1) > 0$, $f'(1) < 0$ y $f'(2) > 0$.

Como $f'(x)$ es continua (por ser un polinomio), debe anularse alguna vez entre dos valores en los que toma diferente signo. Por tanto, es seguro que hay tres puntos en la gráfica de f con tangente horizontal, y están en los intervalos $(-2, -1)$, $(-1, 1)$ y $(1, 2)$. En estos puntos habrá un mínimo, un máximo y un mínimo relativos, respectivamente.

(e). Curvatura y puntos de inflexión.

$f''(x) = 12x^2 - 12$ se anula y cambia de signo en $x = -1$ y en $x = 1$, que son las coordenadas de los puntos de inflexión $(-1, -8)$ y $(1, 2)$.

Para terminar, se calculan los valores de f en algunos puntos, $f(-2) = -16$, $f(2) = 4$.

Ahora se puede ya esbozar la gráfica de $f(x)$:

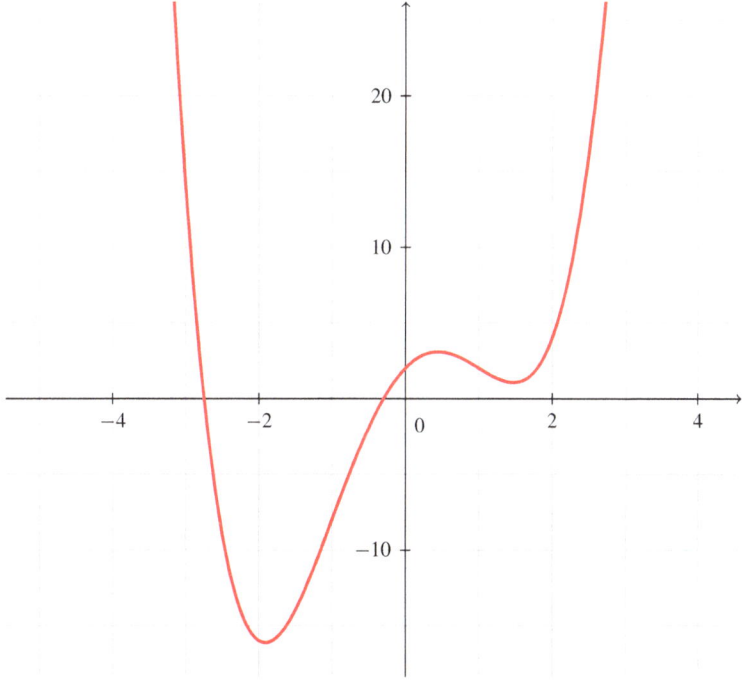

Ejercicios

80. Una parábola corta los ejes en los puntos $(-1, 0)$, $(5, 0)$ y $(0, -10)$. ¿Cuál es su vértice?

81. Haz un estudio completo de la parábola $f(x) = -x^2 + 2x + 3$.

82. Haz el estudio completo de las siguientes funciones polinómicas y dibuja sus gráficas.

(a) $f(x) = x^2 - 5x + 6$
(b) $f(x) = x^2 - x + 3$
(c) $f(x) = -x^2 + 9$
(d) $f(x) = x^2 - 1$
(e) $f(x) = x^3 - 3x$
(f) $f(x) = 3x^5 - 5x^3$

(g) $f(x) = (x-1)(x+2)(x-4)$
(h) $f(x) = x^3 - 3x^2 - 9x$
(i) $f(x) = x(x^2+2)(x^2-1)$
(j) $f(x) = x^6 - 9x^4 - 16x^2 + 144$
(k) $f(x) = (x+3)^2(x-2)^2$

83. Justifica las siguientes afirmaciones.

    (a) Si $P(x)$ es un polinomio de grado impar con coeficientes reales, entonces la ecuación $P(x) = 0$ siempre tiene al menos una solución real.

    (b) Si $P(x)$ es un polinomio de grado par con coeficientes reales, entonces la ecuación $P(x) = 0$ puede no tener soluciones reales.

84. Comprueba que la parábola de ecuación $f(x) = x^2 - 2x - 3$ puede expresarse como $f(x) = (x-1)^2 - 4$.
    Dibuja la parábola aplicando transformaciones elementales a la parábola $y = x^2$.
    Representa las parábolas:

    (a) $f(x) = x^2 - 4x - 21$
    (b) $f(x) = x^2 - 6x$

    (c) $f(x) = -x^2 - 8x - 12$
    (d) $f(x) = x^2 - 5x + 4$

85. Realiza un estudio completo de las siguientes funciones polinómicas y dibuja su gráfica.

    (a) $f(x) = x^2 + 2x - 3$
    (b) $f(x) = x^3 - 4x^2 + 3$
    (c) $f(x) = x^3 - 4x$
    (d) $f(x) = x^3 - 3x^2 + x$
    (e) $f(x) = x^3 - x^2$
    (f) $f(x) = (x+2)(x-1)(x-3)$
    (g) $f(x) = 3x - x^3$
    (h) $f(x) = x^4 - 2x^2 - 8$
    (i) $f(x) = x^2 - 5x + 12$
    (j) $f(x) = 2x^3 - 3x^2$
    (k) $f(x) = (x-3)(x+2)$

86. La longitud l (cm) de una barra metálica varía con la temperatura T(°C) de acuerdo con la función:

    $$l(T) = 30,5 + 0,025T$$

    Determina para qué rango de temperaturas la longitud se mantiene a menos de 1 mm de 30 cm.

87. Halla la ecuación de la recta tangente a la función $f(x) = x^3 - 2x + 6$ en el punto $(1,4)$. Dibuja la gráfica y la recta tangente.

88. Utilizando la calculadora elabora una tabla de valores y representa en los mismos ejes las gráficas de las funciones $f(x) = -3x^3 + 4x^2 + 3x + 4$ y $g(x) = -3x^3 + 4x^2 + 3x + 10$. ¿Puedes expresar g en función de f? Compara sus tasas de variación en cada punto y expresa g' en función de f'.

89. Dibuja la gráfica de la función $f(x) = x^2 - 6x + 8$ y, a partir de ella, las gráficas de las siguientes funciones.

(a) $f(x) = x^2 - 6x + 3$

(b) $f(x) = x^2 - 6x + 10$

(c) $f(x) = (x-1)^2 - 6(x-1) + 8$

(d) $f(x) = (x+2)^2 - 6(x+2) + 8$

(e) $f(x) = 2x^2 - 12x + 16$

(f) $f(x) = \dfrac{x^2}{2} - 3x + 4$

(g) $f(x) = 9x^2 - 18x + 8$

(h) $f(x) = |x^2 - 6x + 8|$

(i) $f(x) = |x|^2 - 6|x| + 8$

90. Representa en los mismos ejes las gráficas de las funciones: $f(x) = -3x^3 + 4x^2 + 3x + 4$ y $g(x) = -3(x+5)^3 + 4(x+5)^2 + 3(x+5) + 4$. ¿Puedes expresar g en función de f? Compara la pendiente de la recta tangente a f en $(a+5, f(a+5))$ con la pendiente de la recta tangente a g en $(a, g(a))$ para algunos valores de a. ¿Qué observas? Expresa la función g' en función de f'.

91. En los países anglosajones se utiliza una escala de temperaturas diferente de la centígrada o Celsius: la Fahrenheit. Las temperaturas expresadas en ambas escalas, Celsius (C) y Fahrenheit (F), se relacionan según esta sencilla función lineal: $C(F) = \frac{5}{9}(F - 32)$.

    (a) ¿Cuántos grados Celsius son 41 grados Fahrenheit?

    (b) ¿Cuántos grados Fahrenheit son -3 grados Celsius?

    (c) Representa la gráfica de la función $C(F)$ calculando previamente sus puntos de corte con los ejes.

    (d) Halla la función que nos permita hacer el cambio contrario, de Celsius a Fahrenheit, es decir, la función inversa de $C(F)$.

    (e) Representa las funciones $C(F)$ y su inversa sobre los mismos ejes.

92. Representa en los mismos ejes las gráficas de las funciones: $f(x) = -3x^3 + 4x^2 + 3x + 4$ y $g(x) = -24x^3 + 16x^2 + 6x + 4$. Observa que $g(x) = f(2x)$. Compara la pendiente de la recta tangente a f en $(2a, f(2a))$ con la pendiente de la recta tangente a g en $(a, g(a))$ para algunos valores de a. ¿Qué observas? Expresa la función g' en función de f'

12.3. Funciones racionales

Una función f se llama racional si se puede escribir como cociente de dos funciones polinómicas, es decir, si $f(x) = \frac{P(x)}{Q(x)}$ con grado de $Q(x) \geq 1$.

Ejemplos de funciones racionales son los siguientes:

$$f(x) = \frac{x}{x-5} \qquad f(x) = x^2 - \frac{3+x}{4+x} \qquad f(x) = \frac{x^3 - 5x^2}{x^2 + 3x - 1}$$

Las principales características de las funciones racionales son:

Dominio y continuidad. El dominio de una función racional ya no es todo $\mathbb{R}$ porque los valores de x que anulan el denominador no pertenecen a su dominio. Estas funciones son continuas en su dominio.

En el ejemplo siguiente se ha representado la gráfica de $f(x) = \frac{1}{x}$, cuyo dominio es $\mathbb{R} - \{0\}$.

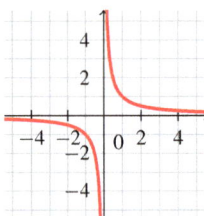

Cortes con los ejes.   Se sigue el procedimiento habitual. Para hallar los puntos de corte con el eje X habrá que buscar los valores de x que anulan el numerador (y que no anulan el denominador), ya que una fracción es cero si su numerador es cero.

Signo de la función.   No hay que olvidar estudiar los tramos definidos por los puntos de corte con el eje X y los valores que no pertenecen al dominio.

Simetrías.   Hay que estudiarlas en cada caso.

Asíntotas.   Una propiedad esencial de las funciones racionales es que pueden tener asíntotas de los tres tipos posibles.

- Verticales. Pueden existir en los valores de x que anulan el denominador. Pero si anulan también el numerador, puede no haber asíntota vertical. Tambien hay que estudiar los límites laterales.

- Horizontales. Habrá que calcular los límites en el infinito y verificar que el resultado es un número. Esto ocurrirá siempre que $\text{grado}[P(x)] = \text{grado}[Q(x)]$. En las funciones racionales, cuando hay asíntota horizontal por la derecha, la misma recta es también asíntota horizontal por la izquierda.

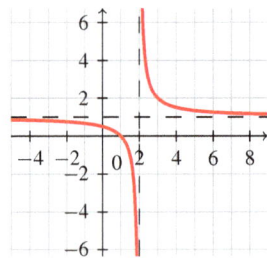

En la gráfica anterior se ha representado la función $f(x) = \dfrac{x-1}{x-2}$, que tiene una asíntota vertical en $x = 2$ y asíntota horizontal $y = 1$.

- Oblicuas. Habrá asíntotas oblicuas solo en el caso de que el grado del numerador sea una unidad mayor que el grado del denominador, $\text{grado}[P(x)] = \text{grado}[Q(x)] + 1$. Como ya se estudió en el tema anterior, una forma sencilla de calcularlas es efectuar división, y la asíntota oblicua será el cociente de dicha división.

Las gráficas de las funciones racionales pueden cortar sus asíntotas horizontales y oblicuas. No las verticales, ya que si $x = k$ es una asíntota vertical, k no está en el dominio de f. Tres ejemplos de funciones racionales con asíntotas oblicuas son los siguientes.

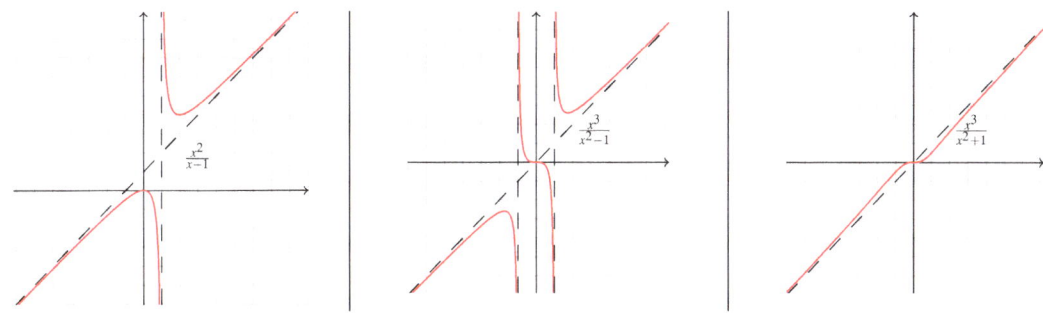

Análisis de la primera derivada. A partir del estudio de la derivada primera, hallar los posibles extremos relativos (máximos o mínimos) y los intervalos de crecimiento y decrecimiento.

Análisis de la segunda derivada. Utilizar la derivada segunda para estudiar la curvatura y los puntos de inflexión.

Ejercicio resuelto 12.4

Traza la gráfica de la siguiente función $f(x) = \dfrac{x}{(x+1)^2}$

(a) Dominio continuidad y puntos de corte con los ejes.

Tiene por dominio y es continua en $\mathbb{R} - \{-1\}$. Corta los ejes solo en un punto, $(0,0)$.

(b) Simetría.

Como $f(-x)$, no coincide ni con $f(x)$ ni con $-f(x)$, f no es ni par ni impar.

(c) Asíntotas.

- Verticales: Puede tener una asíntota vertical en $x = -1$. Se calculan los límites laterales:

$$\lim_{x \to -1^-} f(x) = \lim_{x \to -1^-} \frac{x}{(x+1)^2} = \frac{-1}{0^+} = -\infty$$

$$\lim_{x \to -1^+} f(x) = \lim_{x \to -1^+} \frac{x}{(x+1)^2} = \frac{-1}{0^+} = -\infty$$

luego $x = -1$ es una asíntota vertical.

- Horizontales: Se estudian los límites en infinito. Al ser $\lim\limits_{x \to +\infty} f(x) = 0$ y $\lim\limits_{x \to -\infty} f(x) = 0$, la recta $y = 0$ es asíntota horizontal.

(d) Crecimiento y decrecimiento. Maximos y mínimos relativos.

Como $f'(x) = \dfrac{1-x}{(x+1)^3}$ en $\mathbb{R} - \{-1\}$, la derivada solo se anula en $x = 1$ y, por tanto, f tiene tangente horizontal en el punto $(1, f(1)) = \left(1, \frac{1}{4}\right)$.

Resolviendo la inecuación $f'(x) > 0$, se observa el signo de la derivada en los intervalos en los que está definida y no se anula, y se determinan los intervalos de crecimiento ($\nearrow$) y decrecimiento ($\searrow$).

	$]-\infty,-1[$	$]-1,1[$	$]1,+\infty[$
$1-x$	+	+	−
$(x+1)^3$	−	+	+
f'	−	+	−
f	↘	↗	↘

Así, vemos que f tiene en el punto $(1,1)$ un máximo relativo.

(e) Curvatura y puntos de inflexión.

Como $f''(x) = \dfrac{2x-4}{(x+1)^4}$, en $\mathbb{R} - \{-1\}$, la derivada segunda solo se anula en $x=2$, que es la posición del posible punto de inflexión.

Estudiando el signo de la derivada segunda en los intervalos en los que es continua y no se anula:

- Si $x \in]-\infty, 2[- \{-1\}$, $f''(x) < 0$, luego f es cóncava hacia abajo.
- Si $x \in]2, +\infty[$, $f''(x) > 0$, por lo que f es cóncava hacia arriba.

Así, el punto $\left(2, \tfrac{2}{9}\right)$ resulta ser de inflexión. Con estos datos se puede ya trazar la gráfica de la función:

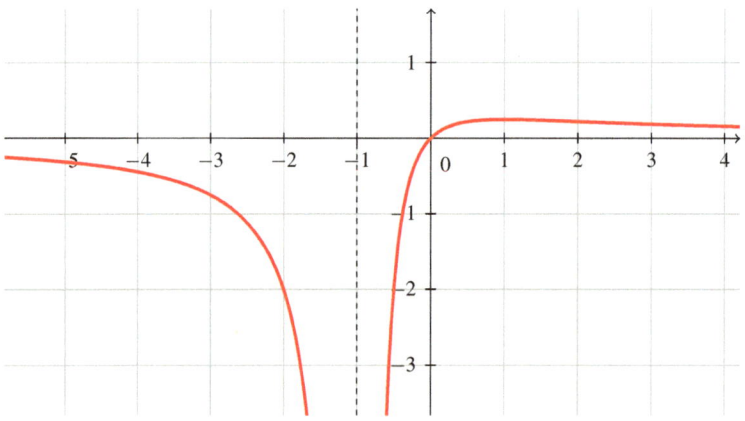

Ejercicio resuelto 12.5

Dibuja la gráfica de la función $f(x) = \dfrac{x^2}{x+3}$

(a) Dominio, continuidad y puntos de corte con los ejes.

Tiene por dominio y es continua en $\mathbb{R} - \{-3\}$. Corta los ejes solo en un punto, el (O,O).

(b) Simetría.

Al no coincidir $f(-x)$ ni con $f(x)$ ni con $-f(x)$, f no es ni par ni impar.

(c) Asíntotas.

- Verticales: Puede tener una asíntota vertical en $x = -3$.

  Los límites laterales son:

  $$\lim_{x \to -3^-} f(x) = \lim_{x \to -3^-} \frac{x^2}{x+3} = \frac{9}{0^-} = -\infty$$

  $$\lim_{x \to -3^+} f(x) = \lim_{x \to -3^+} \frac{x^2}{x+3} = \frac{9}{0^+} = +\infty$$

  luego $x = -3$ es una asíntota vertical.

- Horizontales: Como los límites en infinito son $\lim_{x \to +\infty} f(x) = +\infty$ y $\lim_{x \to -\infty} f(x) = -\infty$, la función no tiene asíntotas horizontales.

- Oblicuas: Dividiendo $f(x) = \dfrac{x^3}{x+3} = (x-3) + \dfrac{9}{x+3}$, luego $f(x) - (x-3) = \dfrac{9}{x+3}$, y tomando el límite en el infinito, resulta que $\lim_{x \to \infty}(f(x) - (x-3)) = 0$, luego la recta $y = x - 3$ es asíntota oblicua.

(d) Crecimiento y decrecimiento. Máximos y mínimos relativos.

Como $f'(x) = \dfrac{x^2 + 6x}{(x+3)^2}$, en $\mathbb{R} - \{-3\}$, la derivada se anula $x = -6$ y en $x = 0$, luego f tiene tangente horizontal en $(-6, -12)$ y $(0, 0)$.

Resolver la inecuación $f'(x) > 0$, se observa el signo de la derivada en los intervalos en los que está definida y no se anula, y se determinan los intervalos de crecimiento ($\nearrow$) y decrecimiento ($\searrow$).

	$]-\infty, -6[$	$]-6, 0[$	$]0, +\infty[$
x	$-$	$-$	$+$
$x+6$	$-$	$+$	$+$
f'	$+$	$-$	$+$
f	$\nearrow$	$\searrow$	$\nearrow$

De este resultado se concluye que f tiene un máximo relativo en $(-6, -12)$ y un mínimo relativo en $(0, 0)$.

(e) Curvatura y puntos de inflexión.

Al ser $f''(x) = \dfrac{18}{(x+3)^3}$ en $\mathbb{R} - \{-3\}$, ésta no se anula nunca, por lo que no hay puntos de inflexión.

Viendo los signos de la derivada segunda en los intervalos en los que es continua:

- Si $-\infty < x < -3$, entonces $f''(x) < 0$, por lo que f es cóncava hacia abajo.
- Si $-3 < x < +\infty$, $f''(x) > 0$, por lo que f es cóncava hacia arriba.

Con estos datos trazamos la gráfica de la función:

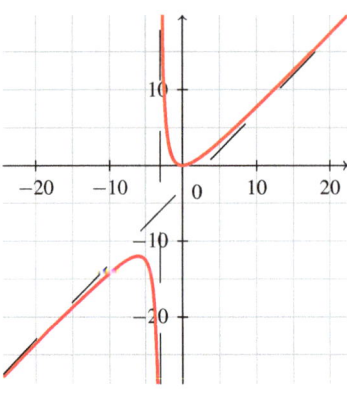

Ejercicio resuelto 12.6

La función f se puede escribir como $f(x) = a + \dfrac{bx+c}{x^2+1}$, *donde a, b y c son números reales.*

Calcula dicha función sabiendo que $\lim\limits_{x \to +\infty} f(x) = 3$: la gráfica de f corta el eje Y en el punto de ordenada $y = 2$ y además pasa por el punto $\left(1, \dfrac{3}{2}\right)$.

f se escribe:
$$f(x) = a + \dfrac{bx+c}{x^2+1} = \dfrac{ax^2 + a + bx + c}{x^2+1} = \dfrac{ax^2 + bx + a + c}{x^2+1}$$

- De la condición $\lim\limits_{x \to \infty} f(x) = 3$ se deduce que: $\lim\limits_{x \to +\infty} \dfrac{ax^2+bx+a+c}{x^2+1} = a = 3$.

- Como su gráfica pasa por el punto $(0, 2)$, ha de ser $f(0) = 2$, de donde:
$$f(0) = \dfrac{3 \cdot 0^2 + b \cdot 0 + 3 + c}{0^2 + 1} = 2$$

por lo que $3 + c = 2$, por lo que $c = -1$.

- Por último, pasa por $\left(1, \dfrac{3}{2}\right)$, luego $f(1) = \dfrac{3}{2}$ y así resulta:
$$f(1) = \dfrac{3 \cdot 1^2 + b \cdot 1 + 2}{1^2 + 1} = \dfrac{b+5}{2} = \dfrac{3}{2}$$

de donde $b = -2$ y la función queda
$$f(x) = 3 + \dfrac{-2x-1}{x^2+1}$$

Ejercicio resuelto 12.7

Realiza el estudio de la función racional $f(x) = \dfrac{x^2-4}{x-1}$ *y dibuja su gráfica.*

Dominio. El denominador se anula en $x-1=0$, por lo que $x=1$; así pues, $\text{Dom}(f) = \mathbb{R} - \{1\}$, que coincide con el dominio de continuidad de la función.

Cortes con los ejes.

- Cortes con el eje X: $f(x) = 0$ es equivalente a que $\dfrac{x^2-4}{x-1} = 0$, de donde $x^2 - 4 = 0$ y así $x = -2$ y $x = 2$, lo que indica que f corta el eje X en $(-2, 0)$ y $(2, 0)$.
- Corte con el eje Y: $f(0) = 4$, es decir, f corta el eje Y en $(0, 4)$.

Signo de la función. Las posibles variaciones de signo nos las dan los valores $x = -2$, $x = 1$ y $x = 2$:

Si $x < -2$, $f(x) = \dfrac{+}{-} = -$, por lo que $f(x) < 0$

Si $-2 < x < 1$, $f(x) = \dfrac{-}{-} = +$, por lo que $f(x) > 0$

Si $1 < x < 2$, $f(x) = \dfrac{-}{+} = -$, por lo que $f(x) < 0$

Si $x > 2$, $f(x) = \dfrac{+}{+} = +$, por lo que $f(x) > 0$

Simetrías.
$$f(-x) = \frac{(-x)^2 - 4}{(-x) - 1} = \frac{x^2 - 4}{-x - 1}$$

que es distinto de $f(x)$ y de $-f(x)$, por lo que no es par ni impar.

Asíntotas.

- Asíntotas verticales. Como $\lim\limits_{x \to 1^-} f(x) = +\infty$ y $\lim\limits_{x \to 1^+} f(x) = -\infty$, la recta $x = 1$ es una asíntota vertical.
- Asíntotas horizontales. No tiene, porque $\lim\limits_{x \to +\infty} f(x) = +\infty$ y $\lim\limits_{x \to -\infty} f(x) = -\infty$.
- Asíntotas oblicuas. Como cumple la condición de los grados, dividimos para obtener la asíntota oblicua: $f(x) = \dfrac{x^2 - 4}{x - 1} = x + 1 - \dfrac{3}{x - 1}$. La asíntota oblicua es la recta $y = x + 1$.

Con todos los datos obtenidos se obtiene la siguiente gráfica.

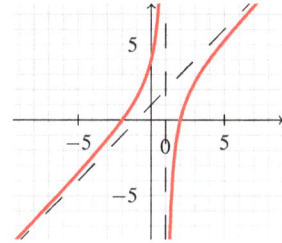

Ejercicio resuelto 12.8

Sea $f(x) = \dfrac{2x^2 - x - 3}{x}$

(a) *Haz un estudio completo de la función y dibuja su gráfica.*

(b) *Encuentra dos puntos con la misma abscisa positiva, uno situado en la gráfica de f, y el otro, en la asíntota oblicua, que disten entre sí menos de 0,0001.*

(a) Se trata de una función racional.

  (a) Dominio, continuidad y puntos de corte con los ejes.

   El dominio es $\mathbb{R} - \{0\}$, que también es donde f es continua.

   Corte con el eje Y, $(x = 0)$: No corta el eje Y, ya que 0 no pertenece al dominio de f.

   Corte con el eje X, $(y = 0)$: Resolvemos $\frac{2x^2-x-3}{x} = 0$ que es lo mismo que $2x^2 - x - 3 = 0$ de donde $x = -1$ o $x = \frac{3}{2}$, luego $(-1, 0)$ y $\left(\frac{3}{2}, 0\right)$ son los puntos de corte con el eje X.

  (b) Simetría.

   Al no coincidir $f(-x)$ ni con $f(x)$ ni con $-f(x)$, f no es ni par ni impar.

  (c) Asíntotas.

   - Verticales: La posible asíntota vertical es $x = 0$. Los límites laterales son

$$\lim_{h \to 0^-} f(x) = \lim_{h \to 0^-} \frac{x^2 - x - 3}{x} = \frac{-3}{0^-} = +\infty$$

$$\lim_{h \to 0^+} f(x) = \lim_{h \to 0^+} \frac{x^2 - x - 3}{x} = \frac{-3}{0^+} = -\infty$$

   luego $x = 0$ es una asíntota vertical.

   - Horizontales: Como $\lim_{x \to -\infty} f(x) = -\infty$ y $\lim_{x \to +\infty} f(x) = +\infty$, no hay asíntotas horizontales.

   - Oblicuas: La asíntota oblicua se calcula sin más que dividir (obsérvese que el grado del numerador es 2, y el del denominador, 1):

$$f(x) = \frac{2x^2 - x - 3}{x} = 2x - 1 - \frac{3}{x}$$

   la recta $y = 2x - 1$ es la asíntota oblicua.

  (d) Crecimiento y decrecimiento. Máximos y mínimos relativos.

   Para calcular la derivada de f, se expresa la función de la siguiente forma $f(x) = \dfrac{2x^2 - x - 3}{x} = 2x - 1 - \frac{3}{x}$, por lo que $f'(x) = 2 + \frac{3}{x^2}$, que no se anula jamás porque ambos sumandos son positivos. Por tanto, se puede asegurar que f no tiene ni máximos ni mínimos relativos.

  (e) Curvatura y puntos de inflexión.

   $f''(x) = \left(2 + \frac{3}{x^2}\right)' = -\frac{6}{x^3}$. Tampoco $f''(x)$ se anula nunca, por lo que no hay puntos de inflexión. En cuanto a la curvatura, para $x < 0$, $f''(x) > 0$, y la función es cóncava hacia arriba, mientras que si $x > 0$, $f''(x) < 0$ y f resulta cóncava hacia abajo.

   Con los datos deducidos en los apartados anteriores se puede dibujar f.

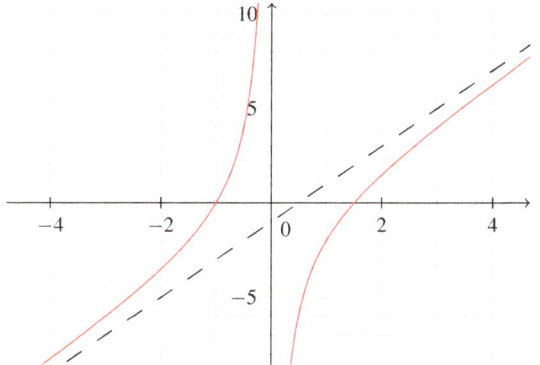

(b) Se pide encontrar un punto en f y otro en la asíntota oblicua, $y = 2x - 1$, con abscisa igual y positiva, tales que su distancia sea menor que $0,0001$. Sea a la abscisa buscada, entonces: $2a - 1 - f(a) < 0,0001$, sustituyendo, $2a - 1 - \left(2a - 1 - \frac{3}{a}\right) < 0,0001$, de donde $\frac{3}{a} < 0,0001$ y de ahí, $a > 30000$. Se puede tomar, por ejemplo, $a = 30001$, entonces los puntos $P(30001, f(30001))$ de la gráfica y $Q(30001, 2 \cdot 30001 - 1)$ de la asíntota oblicua distan menos de $0,0001$.

Ejercicios

93. Representa una función racional que cumpla las siguientes condiciones:

    - Las rectas $y = -2$, $x = 4$, $x = -2$ son sus únicas asíntotas.
    - Su derivada no se anula y es negativa en todos los puntos en que está definida.

    (a) ¿Cuántas veces se anula una función con estas propiedades?

    (b) ¿Puede la derivada segunda no anularse nunca?

94. Las pérdidas o ganancias (y) en millones de euros de una empresa fundada hace medio año vienen dadas por la expresión $y = \frac{t}{t+3}$ donde t es el tiempo expresado en años y el valor de $t = 0$ corresponde al momento actual.

    (a) Representa gráficamente la función.

    (b) Calcula la ganancia máxima previsible en el futuro si existe, y el momento en que se producirá.

    (c) Halla para qué tiempo las ganancias igualan a las pérdidas que hubo en el momento de fundarse la empresa.

    (d) Razona si tendría sentido aplicar esta misma función al caso de una empresa fundada hace tres años.

95. Realiza un estudio completo de las siguientes funciones y dibuja sus gráficas

    (a) $f(x) = \dfrac{x^4 - 2x^2}{x^2 - 1}$

    (b) $f(x) = \dfrac{x^3}{4x^2 + 1}$

    (c) $f(x) = \dfrac{9x^2}{x^2 + x - 2}$

    (d) $f(x) = \dfrac{x - 1}{x^2 + 1}$

    (e) $f(x) = \dfrac{x^2 + 1}{x}$

    (f) $f(x) = \dfrac{x^2 - 3x}{x - 1}$

    (g) $f(x) = \dfrac{x}{x^2 - 1}$

    (h) $f(x) = \dfrac{x^2 + 4}{x^2 - 9}$

    (i) $f(x) = \dfrac{x^2}{x^2 + x - 2}$

    (j) $f(x) = \dfrac{x^3}{x^2 + 1}$

    (k) $f(x) = \dfrac{x^2}{2 - x}$

    (l) $f(x) = x + \dfrac{1}{x}$

    (m) $f(x) = \dfrac{x^2}{x^2 - 1}$

96. Haz un estudio completo (gráficas y todas las características estudiadas en el tema) de las siguientes funciones:

(a) $f(x) = \dfrac{x^3}{(x-1)^2}$

(b) $f(x) = \dfrac{x^4+1}{x^2}$

(c) $f(x) = \dfrac{x^2}{2-x}$

(d) $f(x) = \dfrac{x}{1+x^2}$

(e) $f(x) = \dfrac{x^2-3x+2}{x^2+1}$

(f) $f(x) = \dfrac{x}{x^2-16}$

(g) $f(x) = \dfrac{x+2}{x^2-6x+5}$

(h) $f(x) = \dfrac{x^2-1}{x+2}$

(i) $f(x) = \dfrac{x^2}{x^2-4x+3}$

(j) $f(x) = \dfrac{x^2-x+1}{x^2+x+1}$

(k) $f(x) = \dfrac{x}{1-x^2}$

(l) $f(x) = \dfrac{(x-1)^2}{x+2}$

(m) $f(x) = \dfrac{x^2}{1-x^2}$

(n) $f(x) = \dfrac{x^2}{(x-2)^2}$

(ñ) $f(x) = \dfrac{x^2-5}{2x-4}$

(o) $f(x) = \dfrac{1}{x^2-1}$

(p) $f(x) = \dfrac{x^2}{x^2-4}$

(q) $f(x) = \dfrac{x}{x^2+2}$

(r) $f(x) = \dfrac{(x-2)^2}{x-3}$

(s) $f(x) = \dfrac{x(x^2+9)}{(x+1)(x-1)}$

(t) $f(x) = \dfrac{x(x-5)^2}{(x+1)^2(x-1)}$

(u) $f(x) = \dfrac{(x^2-9)x}{x+3}$

(v) $f(x) = \dfrac{x+1}{x-1}$

12.4. Funciones con radicales

Una función f se llama radical o irracional si la variable independiente aparece bajo signo radical. Ejemplos de funciones con radicales son:

$$f(x) = \sqrt{x} \quad f(x) = \sqrt{x^2-7x+10} \quad f(x) = \sqrt[3]{x} \quad f(x) = \dfrac{1+\sqrt[3]{x^2}}{x^2+1}$$

Las más sencillas son las de la forma $f(x) = \sqrt[n]{x^m}$, donde m y n son números naturales con $n \geq 2$. Las características de estas funciones varían en función de la paridad de m y n.

En general, para calcular el dominio de funciones irracionales de índice par se impone condición de que sean positivos los radicandos. Si, además, en la función aparecen fracciones, es preciso excluir del dominio los puntos en los que el denominador se anula.

En las funciones radicales más generales, el comportamiento en el infinito y las asíntotas, si las hay, se obtienen calculando los límites correspondientes.

Ejercicio resuelto 12.9

Calcula el dominio y las asíntotas de la función

$$f(x) = \sqrt{\dfrac{x^4-16}{x^2-1}}$$

Dominio. $\text{Dom}(f) = \left\{ x \in \mathbb{R} : \dfrac{x^4-16}{x^2-1} \geq 0 \right\} =]-\infty, -2] \cup]-1, 1[\cup [2, +\infty[$.

Simetría. La función es par, ya que $f(-x) = f(x)$.

Asíntotas.

- Verticales: Como $\lim\limits_{x\to 1^-} f(x) = +\infty$, la recta $x = 1$ es una asíntota vertical. Al ser par, $x = -1$ es otra asíntota vertical.

- Horizontales: no tiene, ya que $\lim\limits_{x\to +\infty} f(x) = +\infty$ y $\lim\limits_{x\to -\infty} f(x) = +\infty$.

- Oblicuas: serán de la forma $y = mx + n$.

$$m = \lim_{x\to +\infty} \frac{f(x)}{x} = \lim_{x\to +\infty} \frac{\sqrt{\dfrac{x^4-16}{x^2-1}}}{x} = \lim_{x\to +\infty} \sqrt{\frac{x^4-16}{x^2-1}} = 1$$

$$n = \lim_{x\to +\infty} (f(x) - mx) = \lim_{x\to\infty} \left(\sqrt{\frac{x^4-16}{x^2-1}} - x\right) =$$

$$= \lim_{x\to +\infty} \frac{\dfrac{x^4-16}{x^2-1} - x^2}{\sqrt{\dfrac{x^4-16}{x^2-1}} + x} = \lim_{x\to +\infty} \frac{\dfrac{x^2-16}{x^2-1} - x^2}{\sqrt{\dfrac{x^4-16}{x^2-1}} + x} = 0$$

Así, la asíntota en $+\infty$ es $y = x$. Al ser par, $y = -x$ es la asíntota oblicua en $-\infty$.

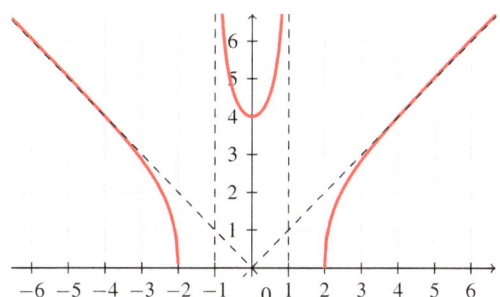

Ejercicios

97. Realiza un estudio completo de las siguientes funciones radicales y dibuja sus gráficas.

    (a) $f(x) = \sqrt{(x-2)(x-1)}$
    (b) $f(x) = \dfrac{x}{1-\sqrt{1-x}}$
    (c) $f(x) = \sqrt[3]{x^2-1}$
    (d) $f(x) = \dfrac{2}{\sqrt[3]{x-2}}$
    (e) $f(x) = x + \sqrt{x}$
    (f) $f(x) = \sqrt{x^2+4}$
    (g) $f(x) = \sqrt{x^2-9}$

98. Dibuja la gráfica de la función radical $f(x) = \sqrt{\dfrac{(x+1)(x-4)}{x-2}}$.

99. Dibuja la gráfica de la siguiente función:

$$y = \left| x - \sqrt{(x-1)^2} \right|$$

100. Determina las tangentes a la semicircunferencia $y = \sqrt{25-x^2}$ en $x=0$, $x=5$ y $x=-5$. Dibuja la gráfica y analiza los resultados.

101. Utiliza una calculadora gráfica para representar la gráfica de $f(x) = \dfrac{x^3}{\sqrt{x^2+1}} - x^3$. Encuentra el máximo y el mínimo absolutos de la función en el intervalo $[-5,5]$.

12.5. Representación de otras funciones

En general, para realizar el estudio y representar cualquier tipo de función, se sigue un esquema muy similar al aplicado en el caso de las funciones racionales.

1. Estudiar el dominio, la continuidad y los puntos de corte con los ejes.

2. Comprobar si la función posee simetría par o impar o periodicidad.

3. Calcular las posibles asíntotas verticales, en los puntos que no estén en el dominio, horizontales u oblicuas, hallando los límites laterales (límites en el infinito).

4. Estudio de la derivada primera: extremos relativos (máximos o mínimos) e intervalos de crecimiento y decrecimiento.

5. Estudio de la derivada segunda: curvatura y puntos de inflexión.

Ejercicio resuelto 12.10

Encuentra la parábola que pasa por los puntos $(-1,10)$, $(1,4)$ y $(3,14)$.

La parábola buscada tendrá una expresión del tipo $f(x) = ax^2 + bx + c$.

- Pasa por $(-1,10)$, es decir, $f(-1) = 10$, luego $a \cdot (-1)^2 + b \cdot (-1) + c = 10a - b + c = 10$.

- Pasa por $(1,4)$, es decir, $f(1) = 4$, luego $a \cdot 1^2 + b \cdot 1 + c = 4a + b + c = 4$.

- Pasa por $(3,14)$, es decir, $f(3) = 14$, por lo que $a \cdot 3^2 + b \cdot 3 + c = 9a + 3b + c = 14$.

Se obtiene un sistema de tres ecuaciones y tres incógnitas:

$$\begin{cases} a - b + c = 10 \\ a + b + c = 4 \\ 9a - 3b + c = 14 \end{cases} \rightarrow \begin{cases} a - b + c = 10 \\ 2b = -6 \\ 12b - 8c = -76 \end{cases} \rightarrow \begin{cases} a - b + c = 10 \\ b = -3 \\ -8c = -40 \end{cases}$$

que da como solución $a = 2$, $b = -3$ y $c = 5$. La parábola que pasa por los tres puntos indicados es: $f(x) = 2x^2 - 3x + 5$.

Ejercicio resuelto 12.11

Vamos a analizar la función a trozos

$$f(x) = \begin{cases} \dfrac{1}{x+1} & x \in \,]-\infty, -1[\\ x^2+1 & x \in [-1, 1] \\ \sqrt{x+1} & \,]1, +\infty[\end{cases}$$

Dominio. El dominio en las funciones a trozos se obtiene, inicialmente, uniendo los intervalos de definición de cada uno de los trozos:

$$\text{Dom}(f) = \,]-\infty, -1[\,\cup[-1, 1]\cup\,]1, +\infty[\,= \mathbb{R}$$

A este conjunto hay que quitarle los puntos que presenten problemas en cada una de las funciones, pero solo si están dentro de su intervalo.

En el caso del primer trozo, $\dfrac{1}{x+1}$, el denominador se anula cuando $x = -1$, por lo que deberíamos eliminarlo del dominio. No obstante, nos fijamos en que el -1 está fuera del dominio de este trozo de la función, por lo que no hemos de quitarlo. El segundo trozo es un polinomio de segundo grado que no tiene ningún problema. Por último, la raíz del tercer trozo tendría problemas cuando el radicando fuera negativo, es decir, si $x+1 < 0$, lo que implica que $x < -1$. Dado que este intervalo está claramente separado del intervalo en el que está definido este trozo, tampoco hemos de eliminar nada del dominio. Así pues, Dominio$(f) = \mathbb{R}$.

Rango. El rango, al igual que el dominio, de una función definida a trozos se calcula como la unión de los rangos de las partes que forman la función. Como diría Jack el destripador, vayamos por partes:

- Para la primera función, $\dfrac{1}{1+x}$, sabemos que por su forma o bien es siempre creciente o bien es siempre decreciente. Además, la tenemos definida en el intervalo $\,]-\infty, -1[$, donde el extremo superior da la "casualidad" de que es el punto donde tendría su asíntota. Por tanto, disponemos de la mitad de la función total. Como es siempre creciente o siempre decreciente, los extremos susperior e inferior estarán en los extremos del intervalo de definición. Como $-\infty$ no es un número al uso y -1 es un punto en el que no podemos calcular la función, hemos de usar límites:

$$\lim_{x \to -\infty} \frac{1}{x+1} = \frac{1}{-\infty} = 0$$

$$\lim_{x \to -1^-} \frac{1}{x+1} = \frac{1}{-1^- + 1} = \frac{1}{0^-} = -\infty$$

por lo que el rango de esta parte de la función es $\,]-\infty, 0[$.

- El segundo trozo es parte de una parábola. Sabiendo la forma de la parábola, sabemos que el máximo y el mínimo se alcanzarán, bien en los extremos, bien en el vértice. Vamos a calcularlos todos:
  - En el extremo inferior, $f(-1) = (-1)^2 + 1 = 2$.
  - En el extremo superior, $f(1) = 1^2 + 1 = 2$.

- El vértice de una parábola está en el punto de abscisa $x = -\frac{b}{2a}$. En nuestro caso no existe término bx, por lo que el vértice está en $x = 0$, luego $f(0) = 0^2 + 1 = 1$.

  por lo que el rango de este segundo trozo es $[1, 2]$.

- Por último, a la raíz le pasa algo similar a la función de proporcionalidad inversa, es siempre creciente o siempre decreciente, por lo que el máximo y el mínimo se darán en los extremos. A diferencia de la primera función, sí que podemos calcular la función en extremo inferior, por lo que sólo necesitaremos calcular el límite con $x \to +\infty$:

$$\lim_{x \to +\infty} \sqrt{x+1} = \sqrt{+\infty} = +\infty$$
$$f(1) = \sqrt{1+1} = \sqrt{2} = 1,4142\ldots$$

por lo que el rango de esta parte de la función es $]\sqrt{2}, +\infty[$. (**Nota:** El extremo inferior de este intervalo no está contenido en el rango, ya que el 1 no forma parte el dominio de esta parte de la función, pero sí que se acerca tanto como queramos.)

Uniendo todos estos resultados parciales, tenemos que

$$\text{Rango}(f) =]-\infty, 0[\cup [1, 2] \cup]\sqrt{2}, +\infty[=]-\infty, 0[\cup [1, +\infty[= \mathbb{R} - [0, 1[$$

Puntos de corte

- Eje X. Para hallar los puntos de corte de la función f con el eje X deberíamos resolver la ecuación $f(x) = 0$ para cada uno de los tres trozos en los que se divide la función. No obstante, en este caso no es necesario ¿porqué? Muy sencillo: el 0 está fuera del rango y por tanto, la función no corta al eje X.

- Eje Y. Para hallar el punto de corte con el eje Y, buscamos a qué intervalo de definición pertenece el 0 y luego sustituimos en la función correspondiente: En nuestro caso, $0 \in [-1, 1]$ que es el dominio de la segunda función. Así, $f(0) = 0^2 + 1 = 1$ y $(0, 1)$ es el punto de corte de la función con el eje Y.

Asíntotas

- Horizontales. Para hallar las asíntotas horizontales basta con calcular los límites $\lim_{x \to -\infty} f(x)$ y $\lim_{x \to +\infty} f(x)$ y ver si alguno da finito. En nuestro caso, ambos límites los hemos calculado ya en la parte del rango, por lo que no es necesario volverlos a calcular. En base a los cálculos anteriores, tenemos una asíntota horizontal en $y = 0$.

- Verticales. Para hallar las asíntotas verticales sabemos que debemos estudiar los valores que quedan fuera del dominio. En nuestro caso no hay ninguno, por lo que podría parecer que hemos terminado. No obstante, las funciones a trozos merecen un tratamiento más minucioso, por lo que, con un poco de atención vemos que hay una función ($\frac{1}{x+1}$) que es candidata a tener una asíntota vertical en $x = -1$.

Tenemos que calcular los límites laterales $\lim_{x \to -1^-} f(x)$ y $\lim_{x \to -1^+} f(x)$ y ver si alguno da infinito. Por lo que hemos calculado en la parte del rango $\lim_{x \to -1^-} f(x) = -\infty$, por lo que $x = -1$ es una asíntota vertical de la función.

Máximos y mínimos. Al igual que pasa con otras características, las funciones definidas a trozos merecen un tratamiento especial con análisis adicionales. Estos análisis consisten en estudiar cada parte de la función por separado, dentro de su intervalo de definición y además, los extremos de los intervalos de definición.

- Para la primera función, no existen ni máximos ni mínimos y, además, el límite en el extremo superior del intervalo de definición es $-\infty$, tal y como hemos comprobado tanto en el cálculo del rango como en el de las asíntotas.

- En la segunda función, que es una parábola, hay un punto especial que es el vértice, que ya hemos calculado en la parte del rango: $(0,1)$ que es un mínimo, ya que $a = 1 > 0$. Además, también hemos calculado los valores en los extremos del intervalo y ya podemos deducir que $(-1,2)$ es un máximo. Para ver lo que sucede con el $(1,2)$ hemos de esperar al siguiente fragmento de función.

- En la tercera parte, una función radical, sabemos que los máximos sólo se producen en los extremos. Hemos calculado ya que el límite en el extremo superior se va a $+\infty$, por lo que no es ni máximo ni mínimo. En cambio, en el extremo inferior, tenemos el punto $(1, \sqrt{2})$, tal y como hemos visto en el cálculo del rango. Este punto podría ser un mínimo, puesto que es menor que los valores que hay tanto a su derecha como a su izquierda. No obstante no es nada porque no pertenece al intervalo de definición. No obstante, este hecho trae como consecuencia que el extremo superior de la segunda función es un máximo, ya que es mayor que los valores tanto de su izquierda como de su derecha.

En resumen, tenemos dos máximos, $(-1,2)$ y $(1,2)$ y un mínimo $(0,1)$.

Crecimiento y decrecimiento. Una función es creciente o decreciente mientras no cambien de tendencia. Los cambios de tendencia pueden darse en máximos y mínimos, en asíntotas o en cambios de definición en funciones a trozos. Vamos a analizar los cambios que pueden darse en esta función.

- En la primera función no hay ninguno de los elementos anteriores, por lo que la función es siempre creciente o decreciente. Sabemos que cuando la x se hace muy negativa, la función se acerca a 0, mientras que cuando aumenta disminuye hasta $-\infty$, por lo que es decreciente en $]-\infty, -1[$.

- En la segunda función, ya hemos dicho que tiene máximos en $(-1,2)$ y $(1,2)$ y mínimo en $(0,1)$, por lo que es decreciente en $]-1,0[$ y creciente en $]0,1[$.

- Por último, para la función radical tenemos la misma situación que en la de proporcionalidad inversa que siempre son crecientes o decrecientes. En nuestro caso, hemos visto que en el extremo inferior toma el valor $\sqrt{2}$ y cuando la x crece, la función tiende a $+\infty$, por lo que la función es creciente en $]1, +\infty[$.

Resumiendo, la función es decreciente en $]-\infty, 0[$ y creciente en $]0, +\infty[$.

Paridad. La función no es par ni impar, ya que no se cumplen ninguna de las posibilidades. Entre otras cosas, se puede argumentar que los límites cuando $x \to -\infty$ y $x \to +\infty$ son uno 0 y otro $+\infty$.

Periodicidad. No son periódicas.

Representación gráfica.

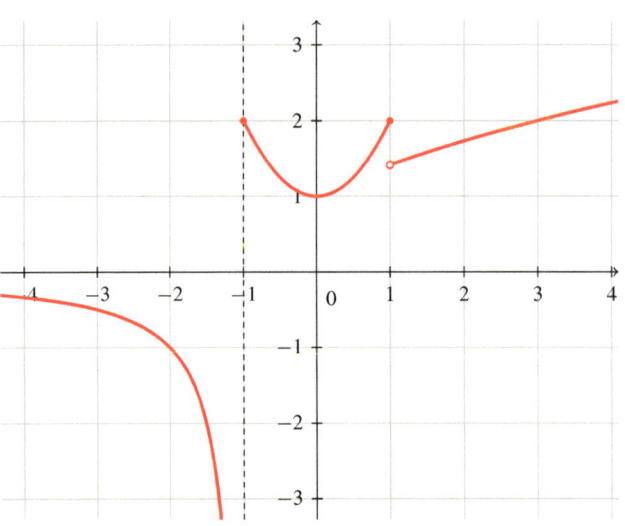

Ejercicios

102. Representa la gráfica de:

$$f(x) = \begin{cases} 2x+3 & \text{si } x < 1 \\ x^2+2x+2 & \text{si } 1 \leq x \leq 2 \\ -3 & \text{si } x > 5 \end{cases}$$

103. Representa gráficamente una función que satisfaga todas estas condiciones:

   (a) $f(0) = 0$, $f'(0) = 0$.

   (b) La recta $x = -3$ es una asíntota vertical.

   (c) Creciente en $]-\infty, -3[\cup]-3, 0[$.

   (d) $\lim\limits_{x \to 1^-} f(x) = -\infty$

   (e) $\lim\limits_{x \to +\infty} f(x) = 0$; $\lim\limits_{x \to -\infty} f(x) = 0$

   (f) Decreciente en $]0,1[\cup]1,+\infty[$.

104. Representa gráficamente una función que cumpla:

   (a) $\text{Dom}(f) = \mathbb{R} - \{-2, 2\}$. Corta los ejes en $(-3,0)$, $(0,0)$ y $(3,0)$.

   (b) Tiene dos asíntotas verticales.

   (c) $\lim\limits_{x \to +\infty} f(x) = \lim\limits_{x \to -\infty} f(x) = 0$

   (d) Su derivada se anula en $x = -4$, $x = 0$ y $x = 4$.

105. Dibuja la gráfica de la curva $y = \pm\sqrt{x^2 - x^4}$.

106. Esboza el dibujo de la gráfica de una función que cumpla las condiciones dadas.

   - $\lim\limits_{x \to 1^-} f(x) = -\infty$

- $\lim\limits_{x \to 3} f(x) = +\infty$
- asíntota horizontal $y = 2$ en $-\infty$
- asíntota vertical en $x = 1$

107. Dibuja una posible gráfica para $y = f(x)$ sabiendo que $f'(x) < 0$ en $]-\infty, 3[$, $f'(x) > 0$ en $]3, +\infty[$, $f'(3) = 0$ y $f(3) = 0$.

108. Dibuja una posible gráfica para $y = f(x)$ si tienes estos datos sobre la derivada:
    - $f'(x) > 0$ en el intervalo $]1, 3[$.
    - $f'(x) < 0$ para $x < 1$ y para $x > 3$.
    - $f'(x) = 0$ para $x = 1$ y para $x = 3$.

109. Dibuja aproximadamente la gráfica de una función f para la que $f(0) = 0$, $f'(0) = 1$, $f(3) = 0$ y $f'(3) = -1$.

Soluciones

1.
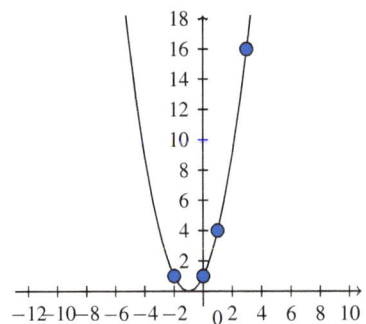

2.
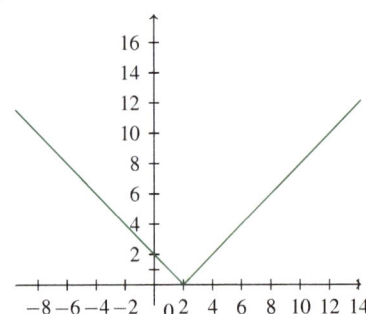

3. (a) $f(x) = 3x^2 - 2x^3$

   (b) $f(n) = -\sqrt{n^2 + n}$

   (c) $f(n) = n + \frac{n}{3} + \frac{n}{3}$

4. (a) En los tres apartados es el mismo dibujo, a excepción del apartado (b), que tiene un agujero en $x = -3$.

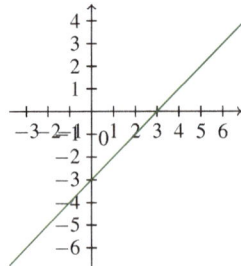

5. (a) $\text{Dom} f(x) = \mathbb{R}$

   (b) $\text{Dom} f(x) = \mathbb{R} - \{1\}$

   (c) $\text{Dom} f(x) = \mathbb{R} - \{-2\}$

   (d) $\text{Dom} f(x) = \mathbb{R} - \{\frac{-3}{2}\}$

   (e) $\text{Dom} f(x) = \mathbb{R} - \{\pm 1, \pm 2\}$

   (f) $\text{Dom} f(x) =]-\infty, -\frac{3}{2}] \cup [1, \infty[$

   (g) $\text{Dom} f(x) = \mathbb{R} - \{\pm 2\}$

   (h) $\text{Dom} f(x) = \mathbb{R} - \{5\}$

   (i) $\text{Dom} f(x) = \mathbb{R} - \{3\}$

6. (a) $(f-t)(x) = 2x^2 - x - 3$, $\text{Dom}(f-t)(x) = \mathbb{R}$

(b) $\left(\frac{f}{h}\right)(x) = (x^2-x-2)(x^2-4)$, $\text{Dom}\left(\frac{f}{h}\right)(x) = \mathbb{R}-\{\pm 2\}$

(c) $\left(\frac{f}{t}\right)(x) = -\frac{x-2}{x-1}$, $\text{Dom}\left(\frac{f}{t}\right)(x) = \mathbb{R}-\{\pm 1\}$

(d) $(h \circ g)(x) = \frac{1}{2x-8}$, $\text{Dom}((h \circ g)(x))(x) = [2,4[\cap]4,\infty[$

(e) $g^{-1}(x) = \frac{x^2+4}{2}$, $\text{Dom}\, g^{-1}(x) = \mathbb{R}$

(f) $(g \circ t)(x) = \sqrt{-2x^2-2}$, $\text{Dom}(g \circ t)(x) = \emptyset$

(g) $h^{-1}(x) = \pm\sqrt{\frac{1}{x}+4}$, $\text{Dom}\, h^{-1}(x) =]-\infty,-\frac{1}{4}]\cup]0,\infty[$

(h) $(f \cdot h)(x) = \frac{-x^2+5}{(x^2-4)^2}-2$, $\text{Dom}(f \cdot h)(x) = \mathbb{R}-\{\pm 2\}$

(i) $t^{-1}(x) = \pm\sqrt{1-x}$, $\text{Dom}\, t^{-1}(x) =]-\infty,1]$

7. (a) $\text{Dom}\, f(x) = [-2,0[\cup]0,\infty]$

   (b) $\text{Dom}\, f(x) = [-6,2[\cup]2,\infty[$

   (c) $\text{Dom}\, f(x) =]-\infty,-3[\cup]-3,-1]\cup[1,\infty[$

   (d) $\text{Dom}\, f(x) = \mathbb{R}-\{\pm 1\}$

8. $f \circ g = \dfrac{1}{\frac{1}{x-2}} = x-2$. El dominio es $\mathbb{R}-\{2\}$, ya que para calcular la composición de ambas funciones, primero hay que calcular $g(x)$, que no existe para $x=2$

9. (a) $(0,-5)$ y $(\frac{5}{6},0)$ (b) $(0,-4)$, $(1,0)$ y $(-4,0)$ (c) $(0,-6)$, $(3,0)$ y $(-2,0)$

10. $\text{Dom}\, f(x) = \mathbb{R}-\{3\}$, puntos de corte con los ejes $(1,0)$, $(-2,0)$, $(2,0)$, $\left(0,-\frac{4}{3}\right)$. Signo: positivo en $]-\infty,-2]\cup[1,2]\cup]3,+\infty[$; negativo en $[-2,1]\cup[2,3[$.

11. (a) Par (e) Par (i) No simétrica
    (b) Par (f) Impar (j) Par
    (c) Impar (g) No simétrica
    (d) No simétrica (h) Par (k) Par

12. (a) Respuesta libre, pero cualquier polinomio con todos sus monomios con potencias de exponente pares es par.

    (b) Respuesta libre, pero cualquier polinomio con todos sus monomios con potencias de exponente impares es impar.

    (c) Se usan precisamente por lo visto en los apartados anteriores.

13. $y = x$ y $y = -x$

14. (a) Vertical: $x=-3, x=3$, Horizontal: $y=0$

    (b) Vertical: $x=0$, Horizontal: $y=\frac{2}{3}$

    (c) Vertical: $x=-2, x=-1$, Oblicua: $y=3x-7$

    (d) Vertical: $x=0$, Oblicua: $y=4x$

    (e) Oblicua: $y=x, y=-x$

    (f) No tiene

    (g) Vertical: $x=-3$, Oblicuas: $y=x-\frac{3}{2}, y=-x+\frac{3}{2}$

(h) Vertical : $x = -1$, Horizontal : $y = 0$

(i) No tiene

(j) Horizontal : $y = 2$

(k) Vertical : $x = -5$, Horizontal : $y = 0$

(l) Vertical : $x = 1, x = 3$, Horizontal : $y = 1$

(m) Vertical : $x = -1$, Oblicua : $y = x - 1$

(n) Horizontal : $y = 1$

(ñ) Vertical : $x = 0$, Oblicua : $y = x$

(o) Vertical : $x = 4$, Oblicua : $y = 2x - 3$

(p) Vertical : $x = 0$, Horizontal : $y = 1$

(q) Vertical : $x = 0$, Oblicua : $y = x, y = -x$

(r) Horizontal : $y = -6$

(s) Horizontal : $y = 0$

(t) Oblicua : $y = x$

(u) Vertical : $x = -\sqrt{2}, x = -1, x = \sqrt{2}$, Horizontal : $y = 0$

15. $a = 2, b = 5$ y $c = -1$

16. Vertical : $x = 0, x = 5$, Horizontal : $y = 2$

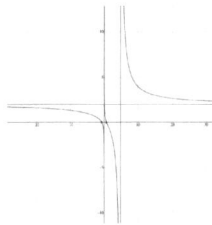

17. Porque el valor $x = 5$ también anula al numerador, anulando la asíntota vertical y sustituyéndola por una discontinuidad evitable.

18. $a = 2$ y $b = -1$. c puede ser cualquier número real.

19. Vertical : $x = -1$, Horizontal : $y = x - 2$. La función es continua excepto en $x = -1$

20. $\text{Dom} f(x) = \mathbb{R} - \{\pm 3\}$. $\lim\limits_{x \to +\infty} f(x) = 1$; $\lim\limits_{x \to -\infty} f(x) = -1$. $\lim\limits_{x \to 3^-} f(x) = -\infty$; $\lim\limits_{x \to 3^+} f(x) = +\infty$.

21. (a) $C_m(p) = \frac{10p + 100000}{p}$.

    (b) $C_m(10) = 10010$ y $C_m(1000) = 110$. A que los gastos fijos de la fabricación de los ratones se reparten entre muchos más productos.

    (c) $\lim\limits_{m \to \infty} C_m(p) = 10$. A largo plazo, el precio de producir un ratón deja de tener en cuenta los gastos fijos, ya que estos se dividen entre tantos ratones, que es un gasto prácticamente despreciable.

22. (a) A partir de $t = \frac{5\sqrt{11}}{4} = 4,14578\ldots$

    (b) $n(10) = 156, n(20) = 246, n(40) = 282,35$ y $n(60) = 297,89$. Que a largo plazo la población se estabiliza.

23.

(a) $\mathbb{R}$

(b) $\mathbb{R}-\{1\}$

(c) $\mathbb{R}-\{\pm 1\}$

(d) $\mathbb{R}$

(e) $\mathbb{R}-\{3,4\}$

24. $f(1)=-2$ y $f(-1)=-4$.

25. (a) $f(1)=2$.

   (b) $f(2)=\dfrac{3}{4}$.

26. (a) $\mathbb{R}$

   (b) $\mathbb{R}$

   (c) $\mathbb{R}-\{2\}$

   (d) $\mathbb{R}-\{-1-\sqrt{6},-1+\sqrt{6}\}$

   (e) $\mathbb{R}-\{-1,-4\}$

   (f) $\mathbb{R}$

   (g) $]-\infty,-\frac{2}{3}]\cup[\frac{2}{3},\infty[$

   (h) $]-\infty,\frac{-3-\sqrt{73}}{4}]\cup[\frac{\sqrt{73}-3}{4},\infty[$

27. Se tiene que $x^2-x=\dfrac{x^3-x}{x+1}$, pero la parte de la derecha no se puede calcular en $x=-1$, por eso en ese punto hay un agujero.

28. (a) Solo es cierta si f es continua, por lo que puede ser falsa.

   (b) Solo es cierta si f pasa un número de veces impar por el 0, por lo que puede ser falsa.

   (c) Verdadera.

29.

Formulación analítica	Interpretación gráfica
$\lim\limits_{x\to 2^-} f(x)=-\infty$	f tiene una asíntota vertical en $x=2$
$f(0)=0$	La gráfica de f pasa por el origen de coordenadas.
Si $x\in[-1,3]$, entonces $f(x)<g(x)$	La gráfica de g va por encima de la de f.
$f(4)=g(4)$	f y g se cortan en el punto de abscisas $x=4$.
La ecuación $f(x)=-6$ no tiene solución.	-6 no pertenece al rango de f.
La ecuación $g(x)=1$ tiene como soluciones $x=-5$ y $x=1$	La recta $y=1$ corta la gráfica de g en los puntos $(-5,1)$ y $(1,1)$.

30. (a) 0,84 euros

   (b)

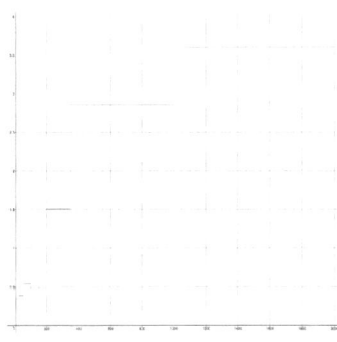

(c) Escalonadas.

31. (a) $f(x) = x^2 - 3$.
    (b) $f(x) = \frac{x^2}{4} + \frac{3}{2}x + \frac{13}{4}$.

32. Son iguales.

33. (a) $\mathbb{R}$
    (b) $]-\infty, -2] \cup [-\frac{1}{2}, +\infty[$
    (c) $\mathbb{R} - \{1\}$
    (d) $]-\infty, -1] \cup]5, +\infty[$

34. $k = -\frac{3}{2}$

35. (a) Continua en $\mathbb{R}$
    (b) Continua en $\mathbb{R} - \{1\}$. En $x = 1$ hay una discontinuidad de salto finito.
    (c) Continua en $\mathbb{R} - \{0\}$. En $x = 0$ hay una discontinuidad de salto infinito.
    (d) Continua en $\mathbb{R}$
    (e) Continua en $\mathbb{R}$
    (f) Continua en $\mathbb{R}$
    (g) Continua en $\mathbb{R} - \{0\}$. En $x = 0$ hay una discontinuidad de salto infinito.

36. La función es continua en $\mathbb{R} - \{1\}$. En $x = 1$ presenta una discontinuidad de salto finito.

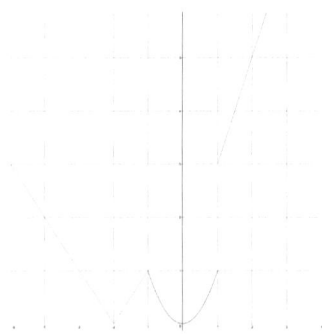

37. $a = -1$ y $b = 1$.

38. $m = \frac{-4}{3}$ y $n = 3$

39. Es continua en $\mathbb{R} - \{1\}$ y derivable en $\mathbb{R} - \{0, 1\}$

40. Es continua y derivable en $\mathbb{R}$

41. $a = 2$ y $b = -2$

42. $a = 1$ y $b = 2$

43. Que es una constante.

44. (a) Cualquier polinomio de la forma $ax^2 + c$

    (b) Cualquier polinomio de la forma bx

45. (a) Falsa

    (b) Verdadera

    (c) Puede ser verdadera

    (d) Falsa

46. (a) $h'(x) = 2f(x)f'(x) + 2g(x)g'(x) = 2f(x)g(x) - 2g(x)f(x) = 0$. Como $h'(x) = 0$, $h(x)$ es constante. Como $h(0) = f^2(0) + g^2(0) = 0^2 + 1^2 = 1$, entonces $h(x) = 1$.

    (b)
    $$k'(x) = 2(F(x) - f(x))(F'(x) - f'(x)) + 2(G(x) - g(x))(G'(x) - g'(x)) =$$
    $$= 2\left(F(x)F'(x) - F(x)f'(x) - f(x)F'(x) + f(x)f'(x) + G(x)G'(x) - G(x)g'(x) - g(x)G'(x) + g(x)g'(x)\right) =$$
    $$= 2\left(F(x)G(x) - F(x)g(x) - f(x)G(x) + f(x)g(x) - G(x)F(x) + G(x)f(x) + g(x)F(x) - g(x)f(x)\right) = 0$$

    como $k'(x) = 0$, entonces $k(x)$, que es la suma de distancias entre f y F y g y G, ha de ser constante. pero como F y G cumplen la condición 1, $F = f$ y $G = g$.

    (c) $f = \sin x$ y $g = \cos x$. No puede haber otras en virtud del apartado anterior.

47. (a) Sí, es continua

    (b) $f'_-(1) = 2 \neq -1 = f'_+(1)$.

    (c) No, ya que no existe $f'(1)$.

48. (a) No tienen nada que ver.

    (b) Puede ser verdadera, si $f(0) = g(0) = 0$.

    (c) Falsa. En $x = 0$ se cumplen las condiciones.

49. La derivada es $\frac{1}{3(x-2)^2}$. La recta tangente es $y - 2 = \frac{1}{192}(x - 10)$.

50. Cualquier polinomio de la forma $ax + b$.

51. $x = \pm 1$.

52. (a) Falsa

    (b) Verdadera

    (c) Verdadera

53. $x = 0$ y $x = \pm 1$.

54. (a) Mínimos en $(-1, 3)$ y $(1, 3)$. Máximo en $(0, 4)$. Decreciente en $]-\infty, -1] \cup [0, 1]$. Creciente en $[-1, 0] \cup [1, +\infty[$.

    (b) No hay máximos ni mínimos. Siempre creciente.

55. En $[-\frac{1}{2}, 1]$, máximo absoluto en $x = -\frac{1}{2}$ y mínimo en $x = 1$. En $]0, 1]$ no hay máximo absoluto, pero sí mínimo absoluto en $x = 1$.

56. $a = -\frac{1}{5}, b = -\frac{3}{10}, c = \frac{6}{5}$ y $d = -1$.

57. (a) $f'(3) = 3$ y $f'(2)$ no existe, ya que no existe la función en 2.

    (b) $f(x)$ está definida en $]-\infty, -2\sqrt{2}] \cup [2\sqrt{2}, \infty[$ y $f'(x)$ en $]-\infty, -2\sqrt{2}[\cup]2\sqrt{2}, \infty[$

    (c) No tiene extremos relativos.

58. El $(1, 1)$.

59. Respuesta libre. Cualquier polinomio de la forma $ax^3 + bx^2 + cx + d$ en el que $b^2 - 3ac < 0$, con $b \neq 0$.

60. Mínimos en $(-1, -3)$ y $(1, -3)$. Máximo en $(0, 0)$.

61. Respuesta libre. Cualquier polinomio de la forma $ax^3 + bx^2 + cx + d$ en el que $b^2 - 3ac \geq 0$.

62. $y = -4x + 8$

63. $c = 9$.

64. (a) $v(t) = -6t^2 + 24t - 5$ y $a(t) = -12t + 24$.

    (b) $v_{máx} = 19$, $(t = 2)$.

    (c) Aceleración positiva si $t < 2$ y negativa si $t > 2$.

65. $a = \frac{1}{2}, b = -3, c = \frac{33}{2}$.

66. Máximo en $(2, 0)$ y Mínimo en $(4, -4)$. Es creciente en $]-\infty, 2] \cup [4, +\infty[$ y decreciente en $[2, 4]$.

67. Máximo en $\left(1, \frac{1}{2}\right)$ y Mínimo en $\left(-\frac{1}{3}, -\frac{3}{2}\right)$.

68. $m = -3, n = 1$ y $p = 2$.

69.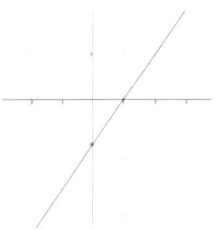

70.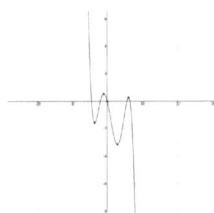

71. $y = -\frac{1}{8}x + \frac{3\sqrt{3}}{8}$

72. Cóncava en $]-\infty,-1] \cup [7,+\infty[$ y convexa en $[-1,7]$. Los puntos de inflexión son $x=-1$ y $x=7$.

73. No, ya que la segunda derivada es de primer grado y siempre tiene solución.

74. (a) Siempre creciente, sin máximos ni mínimos. Cóncava en $[0,+\infty[$ y convexa en $]-\infty,0]$. El punto de inflexión es el $x=0$

    (b) Creciente en $]-\infty,0] \cup [\frac{2}{5},+\infty[$ y decreciente en $[0,\frac{2}{5}]$. Máximo en $x=0$ y mínimo en $x=\frac{2}{5}$. Cóncava en $[\frac{4-\sqrt{6}}{10}, \frac{4+\sqrt{6}}{10}]$, convexa en $]-\infty, \frac{4-\sqrt{6}}{10}] \cup [\frac{4+\sqrt{6}}{10},+\infty[$. Puntos de inflexión $x=\frac{4-\sqrt{6}}{10}$ y $x=\frac{4+\sqrt{6}}{10}$.

75. $x = \frac{-1}{\sqrt{3}}$

76. (a) $x=-\sqrt{\frac{1}{6}}, x=\sqrt{\frac{1}{6}}$, ninguno es de tangente horizontal.

    (b) $x=0$, es de tangente horizonal

77. (a) $y=-3x+2$

    (b) No, ninguno.

78. (a) Falsa.

    (b) Falsa.

    (c) Falsa.

    (d) Verdadera.

    (e) Falsa.

79. $x=2, x=4$ y $x=-5$.

80. Vértice $(2,-18)$

81. Dominio: $\mathbb{R}$

    Rango: $]-\infty,4]$

    Puntos de corte: $(-1,0)$, $(3,0)$ y $(0,3)$

    Asíntotas: Verticales: No hay. Horizontales: No hay. Oblicuas: No hay.

    Simetría: No es simétrica.

    Crecimiento y decrecimiento: Creciente en $]-\infty,1]$. Decreciente en $[1,+\infty[$.

    Máximos y mínimos: Máximo en $(1,4)$, sin mínimos

    Concavidad y convexidad: Es siempre convexa

    Puntos de inflexión: No hay

    Gráfica:

    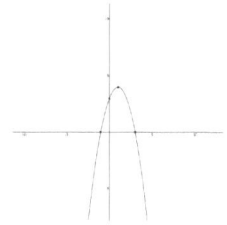

82. (a) $f(x) = x^2 - 5x + 6$

    Dominio: $\mathbb{R}$

    Rango: $[-\frac{1}{4}, +\infty[$

    Puntos de corte: $(2,0)$, $(3,0)$ y $(0,6)$

    Asíntotas: Verticales: No hay. Horizontales: No hay. Oblicuas: No hay.

    Simetría: No es simétrica.

    Crecimiento y decrecimiento: Decreciente en $]-\infty, \frac{5}{2}]$, creciente en $[\frac{5}{2}, +\infty[$

    Máximos y mínimos: Mínimo en $(\frac{5}{2}, -\frac{1}{4})$. No hay máximo.

    Concavidad y convexidad: Es siempre cóncava.

    Puntos de inflexión: No hay

    Gráfica:

    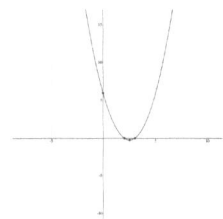

(b) $f(x) = x^2 - x + 3$

    Dominio: $\mathbb{R}$

    Rango: $[\frac{11}{4}, +\infty[$

    Puntos de corte: $(0,3)$

    Asíntotas: Verticales: No hay. Horizontales: No hay. Oblicuas: No hay.

    Simetría: No es simétrica.

    Crecimiento y decrecimiento: Decreciente en $]-\infty, \frac{1}{2}]$, creciente en $[\frac{1}{2}, +\infty[$

    Máximos y mínimos: Mínimo en $(\frac{1}{2}, \frac{11}{4})$. No hay máximo.

    Concavidad y convexidad: Es siempre cóncava.

    Puntos de inflexión: No hay

    Gráfica:

    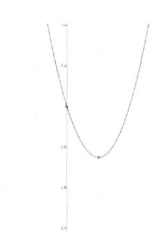

(c) $f(x) = -x^2 + 9$

    Dominio: $\mathbb{R}$

    Rango: $]-\infty, 9]$

    Puntos de corte: $(3,0)$, $(-3,0)$ y $(0,9)$

    Asíntotas: Verticales: No hay. Horizontales: No hay. Oblicuas: No hay.

    Simetría: Par.

    Crecimiento y decrecimiento: Creciente en $]-\infty, 0]$, decreciente en $[0, +\infty[$

Máximos y mínimos: Máximo en $(0,9)$. No hay mínimo.

Concavidad y convexidad: Es siempre convexa.

Puntos de inflexión: No hay

Gráfica:

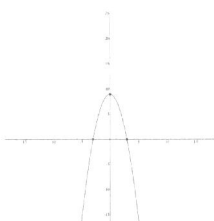

(d) $f(x) = x^2 - 1$

Dominio: $\mathbb{R}$

Rango: $[-1, +\infty[$

Puntos de corte: $(1,0)$, $(-1,0)$ y $(0,-1)$

Asíntotas: Verticales: No hay. Horizontales: No hay. Oblicuas: No hay.

Simetría: Par.

Crecimiento y decrecimiento: Decreciente en $]-\infty, 0]$, Creciente en $[0, +\infty[$

Máximos y mínimos: Mínimo en $(0,-1)$. No hay máximo.

Concavidad y convexidad: Es siempre cóncava.

Puntos de inflexión: No hay

Gráfica:

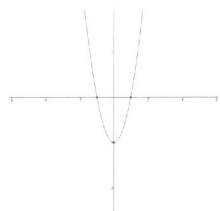

(e) $f(x) = x^3 - 3x$

Dominio: $\mathbb{R}$

Rango: $\mathbb{R}$

Puntos de corte: $(\sqrt{3}, 0)$, $(-\sqrt{3}, 0)$ y $(0,0)$

Asíntotas: Verticales: No hay. Horizontales: No hay. Oblicuas: No hay.

Simetría: Impar.

Crecimiento y decrecimiento: Creciente en $]-\infty, -1] \cup [1, +\infty[$, decreciente en $[-1, 1]$.

Máximos y mínimos: Mínimo en $(1, -2)$. Máximo en $(-1, 2)$

Concavidad y convexidad: Convexa en $]-\infty, 0]$ y cóncava en $[0, +\infty[$

Puntos de inflexión: $x = 0$

Gráfica:

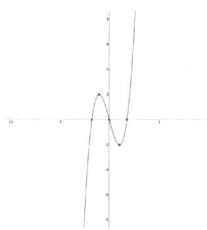

(f) $f(x) = 3x^5 - 5x^3$

Dominio: $\mathbb{R}$

Rango: $\mathbb{R}$

Puntos de corte: $(\sqrt{\frac{5}{3}}, 0)$, $(-\sqrt{\frac{5}{3}}, 0)$ y $(0,0)$

Asíntotas: Verticales: No hay. Horizontales: No hay. Oblicuas: No hay.

Simetría: Impar.

Crecimiento y decrecimiento: Creciente en $]-\infty, -1] \cup [1, +\infty[$, decreciente en $[-1, 1]$.

Máximos y mínimos: Mínimo en $(1, -2)$. Máximo en $(-1, 2)$

Concavidad y convexidad: Convexa en $]-\infty, -\frac{\sqrt{2}}{2}] \cup [0, \frac{\sqrt{2}}{2}]$ y cóncava en $[-\frac{\sqrt{2}}{2}, 0] \cup [\frac{\sqrt{2}}{2}, +\infty[$

Puntos de inflexión: $x = -\frac{\sqrt{2}}{2}$, $x = 0$ y $x = \frac{\sqrt{2}}{2}$

Gráfica:

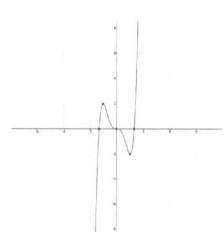

(g) $f(x) = (x-1)(x+2)(x-4)$

Dominio: $\mathbb{R}$

Rango: $\mathbb{R}$

Puntos de corte: $(1,0)$, $(-2,0)$, $(4,0)$ y $(0,8)$

Asíntotas: Verticales: No hay. Horizontales: No hay. Oblicuas: No hay.

Simetría: No es simétrica.

Crecimiento y decrecimiento: Creciente en $]-\infty, 1-\sqrt{3}] \cup [1+\sqrt{3}, +\infty[$, decreciente en $[1-\sqrt{3}, 1+\sqrt{3}]$.

Máximos y mínimos: Mínimo en $(1+\sqrt{3}, -6\sqrt{3})$. Máximo en $(1-\sqrt{3}, -6\sqrt{3})$

Concavidad y convexidad: Convexa en $]-\infty, 1]$ y cóncava en $[1, +\infty[$

Puntos de inflexión: $x = 1$

Gráfica:

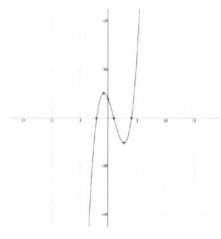

(h) $f(x) = x^3 - 3x^2 - 9x$

Dominio: $\mathbb{R}$

Rango: $\mathbb{R}$

Puntos de corte: $(\frac{3+3\sqrt{5}}{2}, 0)$, $(\frac{3-3\sqrt{5}}{2}, 0)$ y $(0,0)$

Asíntotas: Verticales: No hay. Horizontales: No hay. Oblicuas: No hay.

Simetría: No es simétrica.

Crecimiento y decrecimiento: Creciente en $]-\infty, -1] \cup [3, +\infty[$, decreciente en $[-1, 3]$.

Máximos y mínimos: Mínimo en $(3, -27)$. Máximo en $(-1, 5)$

Concavidad y convexidad: Convexa en $]-\infty, 1]$ y cóncava en $[1, +\infty[$

Puntos de inflexión: $x = 1$

Gráfica:

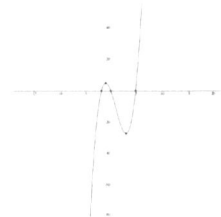

(i) $f(x) = x(x^2 + 2)(x^2 - 1)$

Dominio: $\mathbb{R}$

Rango: $\mathbb{R}$

Puntos de corte: $(-1, 0)$, $(1, 0)$ y $(0, 0)$

Asíntotas: Verticales: No hay. Horizontales: No hay. Oblicuas: No hay.

Simetría: Impar.

Crecimiento y decrecimiento: Creciente en $]-\infty, -\sqrt{\frac{2}{5}}] \cup [\sqrt{\frac{2}{5}}, +\infty[$, decreciente en $[-\sqrt{\frac{2}{5}}, \sqrt{\frac{2}{5}}]$.

Máximos y mínimos: Mínimo en $\left(\sqrt{\frac{2}{5}}, -\frac{36\sqrt{2}}{25\sqrt{5}}\right)$. Máximo en $\left(-\sqrt{\frac{2}{5}}, \frac{36\sqrt{2}}{25\sqrt{5}}\right)$

Concavidad y convexidad: Convexa en $]-\infty, 0]$ y cóncava en $[0, +\infty[$

Puntos de inflexión: $x = 0$

Gráfica:

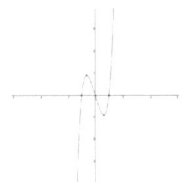

(j) $f(x) = x^6 - 9x^4 - 16x^2 + 144$

Dominio: $\mathbb{R}$

Rango: $[\frac{76\sqrt{129}+972}{9} - 18\sqrt{129} - 66, +\infty[$

Puntos de corte: $(-2, 0)$, $(2, 0)$, $(3, 0)$, $(-3, 0)$ y $(0, 0)$

Asíntotas: Verticales: No hay. Horizontales: No hay. Oblicuas: No hay.

Simetría: Par.

Crecimiento y decrecimiento: Creciente en $]-\infty, -\sqrt{\frac{9+\sqrt{129}}{3}}] \cup [\sqrt{\frac{9+\sqrt{129}}{3}}, +\infty[$, decreciente en $[-\sqrt{\frac{9+\sqrt{129}}{3}}, \sqrt{\frac{9+\sqrt{129}}{3}}]$.

Máximos y mínimos: Mínimo en $\left(-\sqrt{\frac{9+\sqrt{129}}{3}}, \frac{76\sqrt{129}+972}{9} - 18\sqrt{129} - 66\right)$ y $\left(\sqrt{\frac{9+\sqrt{129}}{3}}, \frac{76\sqrt{129}+972}{9} - 18\sqrt{129} - 66\right)$.
Máximo en $(0, 144)$

Concavidad y convexidad: Convexa en $]-\infty, -\sqrt{\frac{27+\sqrt{969}}{15}}] \cup [\sqrt{\frac{27+\sqrt{969}}{15}}, +\infty[$ y cóncava en $[-\sqrt{\frac{27+\sqrt{969}}{15}}, \sqrt{\frac{27+\sqrt{969}}{15}}]$

Puntos de inflexión: $x = 0, -\sqrt{\frac{27+\sqrt{969}}{15}}$ y $\sqrt{\frac{27+\sqrt{969}}{15}}$

Gráfica:

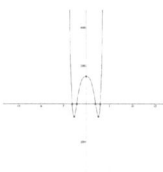

(k) $f(x) = (x+3)^2(x-2)^2$

Dominio: $\mathbb{R}$

Rango: $[0, +\infty[$

Puntos de corte: $(2,0)$, $(-3,0)$ y $(0,3)$

Asíntotas: Verticales: No hay. Horizontales: No hay. Oblicuas: No hay.

Simetría: Par.

Crecimiento y decrecimiento: Decreciente en $]-\infty, -3] \cup [-\frac{1}{2}, 2]$, Creciente en $[-3, -\frac{1}{2}] \cup [2, +\infty[$.

Máximos y mínimos: Mínimo en $(-3, 0)$ y $(2, 0)$. Máximo en $\left(-\frac{1}{2}, \frac{625}{16}\right)$

Concavidad y convexidad: Cóncava en $]-\infty, -\frac{3+5\sqrt{3}}{6}] \cup [\frac{5\sqrt{3}-3}{6}, +\infty[$ y convexa en $[-\frac{3+5\sqrt{3}}{6}, \frac{5\sqrt{3}-3}{6}]$

Puntos de inflexión: $x = -\frac{3+5\sqrt{3}}{6}, x = \frac{5\sqrt{3}-3}{6}$

Gráfica:

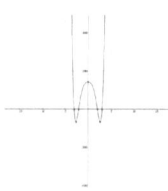

83. (a) Verdadero. La función es continua y $\lim_{x \to -\infty} f(x) \cdot \lim_{x \to +\infty} f(x) < 0$, por lo que la función cambia de signo.

    (b) Verdadera, por ejemplo $x^2 + 1$.

84. $f(x) = (x-1)^2 - 4 = (x^2 - 2x + 1) - 4 = x^2 - 2x - 3$.

(a)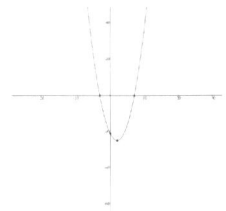

(c)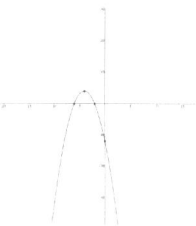

(b)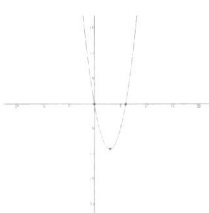

(d)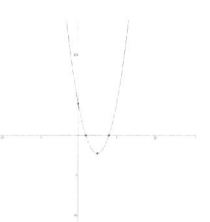

85. (a) $f(x) = x^2 + 2x - 3$

    Dominio: $\mathbb{R}$

    Rango: $[-4, +\infty[$

    Puntos de corte: $(0, -3)$, $(1, 0)$ y $(-3, 0)$

    Asíntotas: Verticales: No hay. Horizontales: No hay. Oblicuas: No hay.

    Simetría: No es simétrica.

    Crecimiento y decrecimiento: Decreciente en $]-\infty, -1]$, creciente en $[-1, +\infty[$

    Máximos y mínimos: Mínimo en $(-1, -4)$. No hay máximo.

    Concavidad y convexidad: Es siempre cóncava.

    Puntos de inflexión: No hay

    Gráfica:

    (b) $f(x) = x^3 - 4x^2 + 3$

    Dominio: $\mathbb{R}$

    Rango: $\mathbb{R}$

    Puntos de corte: $(0, 3)$, $(1, 0)$, $\left(\frac{3+\sqrt{21}}{2}, 0\right)$ y $\left(\frac{3-\sqrt{21}}{2}, 0\right)$.

    Asíntotas: Verticales: No hay. Horizontales: No hay. Oblicuas: No hay.

    Simetría: No es simétrica.

    Crecimiento y decrecimiento: Creciente en $]-\infty, 0] \cup [\frac{8}{3}, +\infty[$, decreciente en $[0, \frac{8}{3}]$

    Máximos y mínimos: Mínimo en $\left(\frac{8}{3}, -\frac{175}{27}\right)$. Máximo en $(0, 3)$.

    Concavidad y convexidad: Convexa en $]-\infty, \frac{4}{3}]$ y cóncava en $[\frac{4}{3}, +\infty[$.

    Puntos de inflexión: $x = \frac{4}{3}$

    Gráfica:

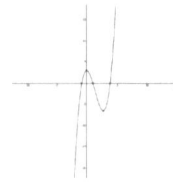

(c) $f(x) = x^3 - 4x$

Dominio: $\mathbb{R}$

Rango: $\mathbb{R}$

Puntos de corte: $(0,0)$, $(2,0)$ y $(-2,0)$.

Asíntotas: Verticales: No hay. Horizontales: No hay. Oblicuas: No hay.

Simetría: Impar.

Crecimiento y decrecimiento: Creciente en $]-\infty, -\frac{2\sqrt{3}}{3}] \cup [\frac{2\sqrt{3}}{3}, +\infty[$, decreciente en $[-\frac{2\sqrt{3}}{3}, \frac{2\sqrt{3}}{3}]$

Máximos y mínimos: Mínimo en $\left(\frac{2\sqrt{3}}{3}, -\frac{16}{3\sqrt{3}}\right)$. Máximo en $\left(-\frac{2\sqrt{3}}{3}, \frac{16}{3\sqrt{3}}\right)$.

Concavidad y convexidad: Convexa en $]-\infty, 0]$ y cóncava en $[0, +\infty[$.

Puntos de inflexión: $x = 0$

Gráfica:

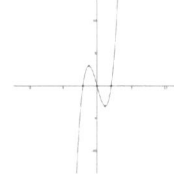

(d) $f(x) = x^3 - 3x^2 + x$

Dominio: $\mathbb{R}$

Rango: $\mathbb{R}$

Puntos de corte: $(0,0)$, $\left(\frac{3+\sqrt{5}}{2}, 0\right)$ y $\left(\frac{3-\sqrt{5}}{2}, 0\right)$.

Asíntotas: Verticales: No hay. Horizontales: No hay. Oblicuas: No hay.

Simetría: No es simétrica.

Crecimiento y decrecimiento: Creciente en $]-\infty, \frac{3-\sqrt{5}}{2}] \cup [\frac{3+\sqrt{5}}{2}, +\infty[$, decreciente en $[\frac{3-\sqrt{5}}{2}, \frac{3+\sqrt{5}}{2}]$

Máximos y mínimos: Mínimo en $\left(\frac{3+\sqrt{6}}{3}, -2\sqrt{6} - 5 + \frac{14\sqrt{6}+36}{9}\right)$. Máximo en $\left(\frac{3-\sqrt{6}}{3}, -5 + 2\sqrt{6} + \frac{36-14\sqrt{6}}{9}\right)$.

Concavidad y convexidad: Convexa en $]-\infty, 1]$ y cóncava en $[1, +\infty[$.

Puntos de inflexión: $x = 0$

Gráfica:

(e) $f(x) = x^3 - x^2$

Dominio: $\mathbb{R}$

Rango: $\mathbb{R}$

Puntos de corte: $(0,0)$ y $(1,0)$.

Asíntotas: Verticales: No hay. Horizontales: No hay. Oblicuas: No hay.

Simetría: No es simétrica.

Crecimiento y decrecimiento: Creciente en $]-\infty,0]\cup[\frac{2}{3},+\infty[$, decreciente en $[0,\frac{2}{3}]$

Máximos y mínimos: Mínimo en $\left(\frac{2}{3},-\frac{4}{27}\right)$. Máximo en $(0,0)$.

Concavidad y convexidad: Convexa en $]-\infty,\frac{1}{3}]$ y cóncava en $[\frac{1}{3},+\infty[$.

Puntos de inflexión: $x=\frac{1}{3}$

Gráfica:

(f) $f(x)=(x+2)(x-1)(x-3)$

Dominio: $\mathbb{R}$

Rango: $\mathbb{R}$

Puntos de corte: $(1,0),(-2,0),(3,0)$ y $(0,6)$

Asíntotas: Verticales: No hay. Horizontales: No hay. Oblicuas: No hay.

Simetría: No es simétrica.

Crecimiento y decrecimiento: Creciente en $]-\infty,\frac{2-\sqrt{19}}{3}]\cup[\frac{2+\sqrt{19}}{3},+\infty[$, decreciente en $[\frac{2-\sqrt{19}}{3},\frac{2+\sqrt{19}}{3}]$

Máximos y mínimos: Mínimo en $\left(\frac{2+\sqrt{19}}{3},\frac{43\sqrt{19}+191}{27}-3\sqrt{19}-5\right)$. Máximo en $\left(\frac{2-\sqrt{19}}{3},\frac{191-43\sqrt{19}}{27}+3\sqrt{19}-5\right)$.

Concavidad y convexidad: Convexa en $]-\infty,\frac{2}{3}]$ y cóncava en $[\frac{2}{3},+\infty[$.

Puntos de inflexión: $x=\frac{2}{3}$

Gráfica:

(g) $f(x)=3x-x^3$

Dominio: $\mathbb{R}$

Rango: $\mathbb{R}$

Puntos de corte: $(0,0),(-\sqrt{3},0)$ y $(\sqrt{3},0)$.

Asíntotas: Verticales: No hay. Horizontales: No hay. Oblicuas: No hay.

Simetría: Impar.

Crecimiento y decrecimiento: Decreciente en $]-\infty,-1]\cup[1,+\infty[$, Creciente en $[-1,1]$

Máximos y mínimos: Mínimo en $(-1,-2)$. Máximo en $(1,2)$.

Concavidad y convexidad: Cóncava en $]-\infty,0]$ y convexa en $[0,+\infty[$.

Puntos de inflexión: $x=0$

Gráfica:

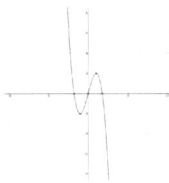

(h) $f(x) = x^4 - 2x^2 - 8$

Dominio: $\mathbb{R}$

Rango: $[-9, +\infty[$

Puntos de corte: $(0, -8)$, $(-2, 0)$ y $(2, 0)$.

Asíntotas: Verticales: No hay. Horizontales: No hay. Oblicuas: No hay.

Simetría: Impar.

Crecimiento y decrecimiento: Decreciente en $]-\infty, -1] \cup [0, 1]$, Creciente en $[-1, 0] \cup [1, +\infty[$

Máximos y mínimos: Mínimo en $(-1, -9)$ y $(1, -9)$. Máximo en $(0, -8)$.

Concavidad y convexidad: Cóncava en $]-\infty, -\sqrt{\frac{1}{3}}] \cup [\sqrt{\frac{1}{3}}, +\infty[$ y convexa en $[-\sqrt{\frac{1}{3}}, \sqrt{\frac{1}{3}}]$.

Puntos de inflexión: $x = -\sqrt{\frac{1}{3}}, x = \sqrt{\frac{1}{3}}$

Gráfica:

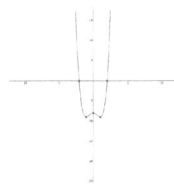

(i) $f(x) = x^2 - 5x + 12$

Dominio: $\mathbb{R}$

Rango: $[\frac{23}{4}, +\infty[$

Puntos de corte: $(0, 12)$

Asíntotas: Verticales: No hay. Horizontales: No hay. Oblicuas: No hay.

Simetría: No es simétrica.

Crecimiento y decrecimiento: Decreciente en $]-\infty, \frac{5}{2}]$, creciente en $[\frac{5}{2}, +\infty[$

Máximos y mínimos: Mínimo en $\left(\frac{5}{2}, \frac{23}{4}\right)$. No hay máximo.

Concavidad y convexidad: Es siempre cóncava.

Puntos de inflexión: No hay

Gráfica:

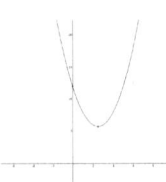

(j) $f(x) = 2x^3 - 3x^2$

Dominio: $\mathbb{R}$

Rango: $\mathbb{R}$

Puntos de corte: $(0,0)$ y $(\frac{3}{2},0)$.

Asíntotas: Verticales: No hay. Horizontales: No hay. Oblicuas: No hay.

Simetría: No es simétrica.

Crecimiento y decrecimiento: Creciente en $]-\infty,0] \cup [1,+\infty[$, Decreciente en $[0,1]$

Máximos y mínimos: Mínimo en $(1,-1)$. Máximo en $(0,0)$.

Concavidad y convexidad: Convexa en $]-\infty,\frac{1}{2}]$ y cóncava en $[\frac{1}{2},+\infty[$.

Puntos de inflexión: $x = \frac{1}{2}$

Gráfica:

(k) $f(x) = (x-3)(x+2)$

Dominio: $\mathbb{R}$

Rango: $[-\frac{25}{4},+\infty[$

Puntos de corte: $(0,-6)$, $(3,0)$ y $(-2,0)$

Asíntotas: Verticales: No hay. Horizontales: No hay. Oblicuas: No hay.

Simetría: No es simétrica.

Crecimiento y decrecimiento: Decreciente en $]-\infty,\frac{1}{2}]$, creciente en $[\frac{1}{2},+\infty[$

Máximos y mínimos: Mínimo en $\left(\frac{1}{2},-\frac{25}{4}\right)$. No hay máximo.

Concavidad y convexidad: Es siempre cóncava.

Puntos de inflexión: No hay

Gráfica:

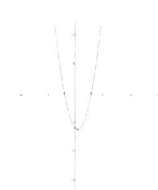

86. $T \in]-60, 20[$.

87. Recta tangente $y = x + 4$.

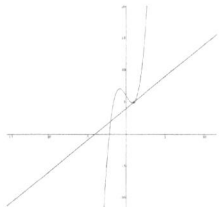

88.

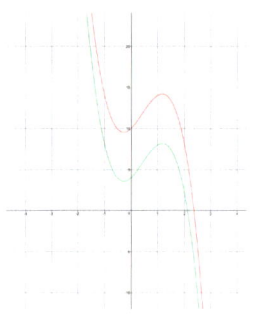

$g(x) = f(x) + 6$ y $g'(x) = f'(x)$.

89. (a) $f(x) = x^2 - 6x + 3$

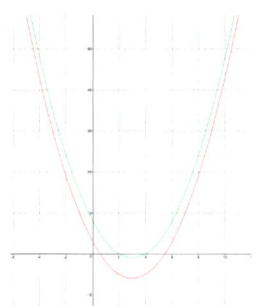

(b) $f(x) = x^2 - 6x + 10$

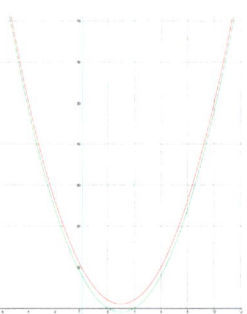

(c) $f(x) = (x-1)^2 - 6(x-1) + 8$

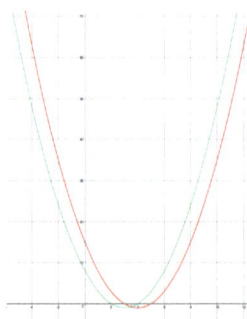

(d) $f(x) = (x+2)^2 - 6(x+2) + 8$

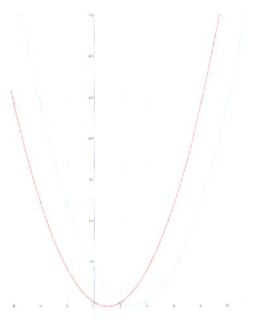

(e) $f(x) = 2x^2 - 12x + 16$

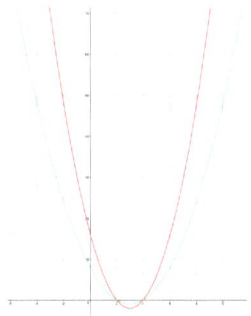

(f) $f(x) = \dfrac{x^2}{2} - 3x + 4$

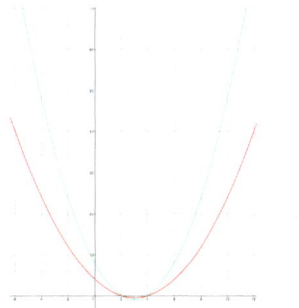

(g) $f(x) = 9x^2 - 18x + 8$

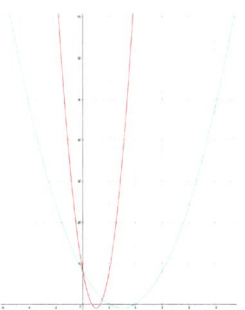

(h) $f(x) = |x^2 - 6x + 8|$

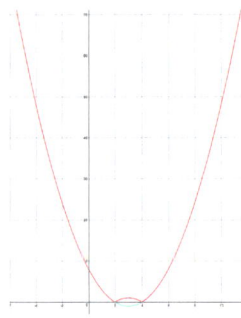

(i) $f(x) = |x|^2 - 6|x| + 8$

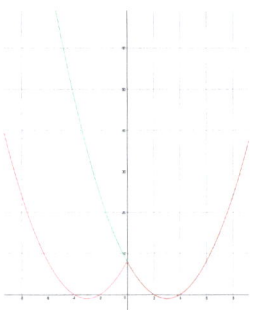

90.

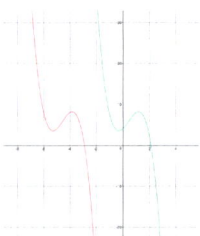

$g(x) = f(x+5)$. La pendiente de la recta tangente a f en $(a+5, f(a+5))$ coincide con la pendiente de la recta tangente a g en $(a, g(a))$. $g'(x) = f'(x+5)$.

91. (a) $5°$ C

(b) $-\frac{175}{9}°$ C

(c) Los puntos de corte son $(32, 0)$ y $\left(0, -\frac{160}{9}\right)$

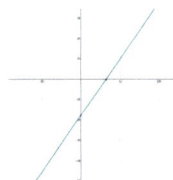

(d) $F(C) = \frac{9}{5}C + 32$.

(e)

92.

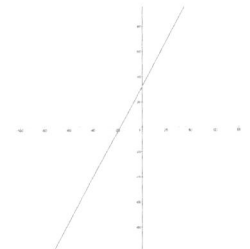

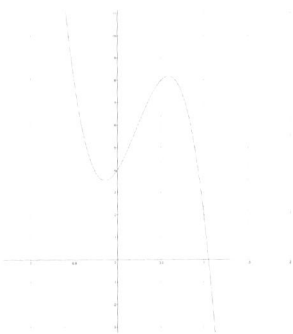

La pendiente de la recta tangente a f en $(2a, f(2a))$ es el doble que la pendiente de la recta tangente a g en $(a, g(a))$. $g'(x) = 2f'(x)$.

93.

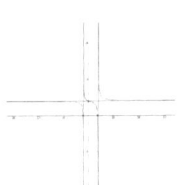

(a) Dos

(b) No, ha de anularse necesariamente entre ambas asíntotas.

94. (a)

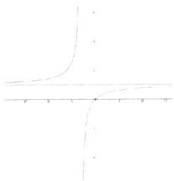

(b) Es 1 millón de euros y se producirá a muy largo plazo.

(c) A los $\frac{3}{4}$ de año.

(d) No, porque en ese punto la función no está definida.

95. (a) $f(x) = \dfrac{x^4 - 2x^2}{x^2 - 1}$

   Dominio: $\mathbb{R} - \{-1, 1\}$

   Rango: $\mathbb{R}$

   Puntos de corte: $(0,0)$, $(\sqrt{2}, 0)$ y $(-\sqrt{2}, 0)$.

   Asíntotas: Verticales: $x = 1$ y $x = -1$. Horizontales: No hay. Oblicuas: No hay.

   Simetría: Par.

   Crecimiento y decrecimiento: Creciente en $]0, 1[\cup]1, +\infty[$, Decreciente en $]-\infty, -1[\cup]-1, 0[$

   Máximos y mínimos: Mínimo en $(0,0)$. Sin máximos.

   Gráfica:

   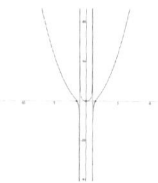

   (b) $f(x) = \dfrac{x^3}{4x^2 + 1}$

   Dominio: $\mathbb{R}$

   Rango: $\mathbb{R} - \{0\}$

   Puntos de corte: $(0,0)$

   Asíntotas: Verticales: No hay. Horizontales: No hay. Oblicuas: $y = \frac{x}{4}$.

   Simetría: Impar.

   Crecimiento y decrecimiento: Creciente en $\mathbb{R}$

   Máximos y mínimos: Sin máximos ni mínimos.

   Concavidad y convexidad: Cóncava en $]-\infty, -\frac{\sqrt{3}}{2}] \cup [0, \frac{\sqrt{3}}{2}]$ y convexa en $[-\frac{\sqrt{3}}{2}, 0] \cup [\frac{\sqrt{3}}{2}, +\infty[$.

   Puntos de inflexión: $x = -\frac{\sqrt{3}}{2}$, $x = 0$ y $x = \frac{\sqrt{3}}{2}$

   Gráfica:

   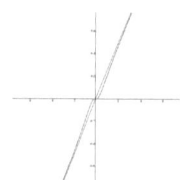

   (c) $f(x) = \dfrac{9x^2}{x^2 + x - 2}$

   Dominio: $\mathbb{R} - \{-2, 1\}$

   Rango: $\mathbb{R}$

   Puntos de corte: $(0,0)$.

   Asíntotas: Verticales: $x = 1$ y $x = -2$. Horizontales: $y = 9$. Oblicuas: No hay.

   Simetría: No simétrica.

   Crecimiento y decrecimiento: Creciente en $]-\infty, -2[\cup]-2, 0]$, Decreciente en $[0, 1[\cup]1, +\infty[$

   Máximos y mínimos: Máximo en $(0,0)$. Sin mínimos.

   Gráfica:

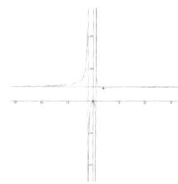

(d) $f(x) = \dfrac{x-1}{x^2+1}$

Dominio: $\mathbb{R}$

Rango: $\left[-\dfrac{1+\sqrt{2}}{2}, \dfrac{\sqrt{2}-1}{2}\right]$

Puntos de corte: $(1,0)$ y $(0,-1)$

Asíntotas: Verticales: No hay. Horizontales: $y = 0$. Oblicuas: No hay.

Simetría: No simétrica.

Crecimiento y decrecimiento: Decreciente en $]-\infty, -\sqrt{2}+1] \cup [1+\sqrt{2}, +\infty[$ y creciente en $[-\sqrt{2}+1, 1+\sqrt{2}]$

Máximos y mínimos: Máximo en $\left(1+\sqrt{2}, \dfrac{\sqrt{2}-1}{2}\right)$ y mínimo en $\left(-\sqrt{2}+1, -\dfrac{1+\sqrt{2}}{2}\right)$.

Concavidad y convexidad: Convexa en $]-\infty, -1] \cup [2-\sqrt{3}, 2+\sqrt{3}]$ y cóncava en $[-1, 2-\sqrt{3}] \cup [2+\sqrt{3}, +\infty[$.

Puntos de inflexión: $x = -1$, $x = 2-\sqrt{3}$ y $x = 2+\sqrt{3}$

Gráfica:

(e) $f(x) = \dfrac{x^2+1}{x}$

Dominio: $\mathbb{R} - \{0\}$

Rango: $]-\infty, -2] \cup [2, \infty[$

Puntos de corte: No corta

Asíntotas: Verticales: $x = 0$. Horizontales: No hay. Oblicuas: $y = x$.

Simetría: Impar.

Crecimiento y decrecimiento: Creciente en $]-\infty, -1] \cup [1, +\infty[$ y decreciente en $[-1, 0[\cup]0, 1]$

Máximos y mínimos: Máximo en $(-1, -2)$ y mínimo en $(1, 2)$.

Concavidad y convexidad: Convexa en $]-\infty, 0[$ y cóncava en $]0, +\infty[$.

Puntos de inflexión: No tiene

Gráfica:

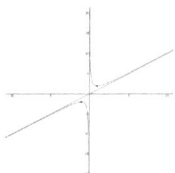

(f) $f(x) = \dfrac{x^2 - 3x}{x-1}$

Dominio: $\mathbb{R} - \{1\}$

Rango: ℝ

Puntos de corte: $(3,0)$ y $(0,0)$

Asíntotas: Verticales: $x = 1$. Horizontales: No hay. Oblicuas: $y = x - 2$.

Simetría: Impar.

Crecimiento y decrecimiento: Creciente en $]-\infty, 1] \cup [1, +\infty[$

Máximos y mínimos: No tiene.

Concavidad y convexidad: Cóncava en $]-\infty, 1[$ y convexa en $]1, +\infty[$.

Puntos de inflexión: No tiene

Gráfica:

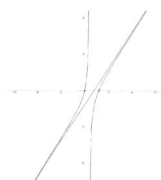

(g) $f(x) = \dfrac{x}{x^2 - 1}$

Dominio: $\mathbb{R} - \{-1, 1\}$

Rango: ℝ

Puntos de corte: $(0,0)$

Asíntotas: Verticales: $x = -1$ y $x = 1$. Horizontales: $y = 0$. Oblicuas: No hay.

Simetría: Impar.

Crecimiento y decrecimiento: Decreciente en $]-\infty, -1[\cup]-1, 1[\cup]1, +\infty[$.

Máximos y mínimos: No tiene.

Concavidad y convexidad: Convexa en $]-\infty, -1[\cup[0, 1[$ y cóncava en $]-1, 0]\cup]1, +\infty[$.

Puntos de inflexión: $x = 0$

Gráfica:

(h) $f(x) = \dfrac{x^2 + 4}{x^2 - 9}$

Dominio: $\mathbb{R} - \{-3, 3\}$

Rango: $]-\infty, -\frac{4}{9}] \cup]1, \infty[$

Puntos de corte: $\left(0, -\frac{4}{9}\right)$

Asíntotas: Verticales: $x = -3$ y $x = 3$. Horizontales: $y = 1$. Oblicuas: No hay.

Simetría: Impar.

Crecimiento y decrecimiento: Decreciente en $]-\infty, -1[\cup]-1, 1[\cup]1, +\infty[$.

Máximos y mínimos: Máximo en $\left(0, -\frac{4}{9}\right)$. No tiene mínimo.

Concavidad y convexidad: Cóncava en $]-\infty, -3[\cup]3, +\infty[$ y convexa en $]-3, 3[$.

Puntos de inflexión: No tiene

Gráfica:

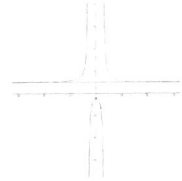

(i) $f(x) = \dfrac{x^2}{x^2+x-2}$

Dominio: $\mathbb{R} - \{-2, 1\}$

Rango: $]-\infty, 0] \cup [\frac{8}{9}, \infty[$

Puntos de corte: $(0,0)$

Asíntotas: Verticales: $x = -2$ y $x = 1$. Horizontales: $y = 1$. Oblicuas: No hay.

Simetría: Impar.

Crecimiento y decrecimiento: Creciente en $]-\infty, -2[\cup]-2, 0] \cup [4, +\infty[$. Decreciente en $[0, 1[\cup]1, 4]$

Máximos y mínimos: Máximo en $(0,0)$. Mínimo en $\left(4, \frac{8}{9}\right)$.

Gráfica:

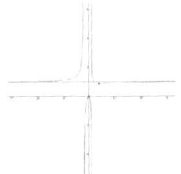

(j) $f(x) = \dfrac{x^3}{x^2+1}$

Dominio: $\mathbb{R}$

Rango: $\mathbb{R} - \{0\}$

Puntos de corte: $(0,0)$

Asíntotas: Verticales: No hay. Horizontales: No hay. Oblicuas: $y = x$.

Simetría: Impar.

Crecimiento y decrecimiento: Creciente en $\mathbb{R}$.

Máximos y mínimos: No tiene.

Concavidad y convexidad: Cóncava en $]-\infty, -\sqrt{3}] \cup [0, \sqrt{3}]$ y convexa en $[-\sqrt{3}, 0] \cup [\sqrt{3}, +\infty[$.

Puntos de inflexión: $x = -\sqrt{3}, x = 0, x = \sqrt{3}$

Gráfica:

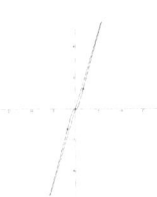

(k) $f(x) = \dfrac{x^2}{2-x}$

Dominio: $\mathbb{R} - \{2\}$

Rango: $]-\infty, -8] \cup [0, \infty[$

Puntos de corte: $(0,0)$

Asíntotas: Verticales: $x = 2$. Horizontales: No hay. Oblicuas: $y = -x - 2$.

Simetría: No simétrica.

Crecimiento y decrecimiento: Decreciente en $]-\infty, 0] \cup [4, +\infty[$ y creciente en $[0, 2[\cup]2, 4]$

Máximos y mínimos: Máximo en $(4, -8)$ y mínimo en $(0, 0)$.

Concavidad y convexidad: Cóncava en $]-\infty, 2[$ y convexa en $]2, +\infty[$.

Puntos de inflexión: No tiene

Gráfica:

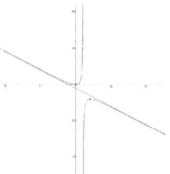

(l) $f(x) = x + \frac{1}{x}$

Dominio: $\mathbb{R} - \{0\}$

Rango: $]-\infty, -2] \cup [2, \infty[$

Puntos de corte: No corta

Asíntotas: Verticales: $x = 0$. Horizontales: No hay. Oblicuas: $y = x$.

Simetría: Impar.

Crecimiento y decrecimiento: Creciente en $]-\infty, -1] \cup [1, +\infty[$ y decreciente en $[-1, 0[\cup]0, 1]$

Máximos y mínimos: Máximo en $(-1, -2)$ y mínimo en $(1, 2)$.

Concavidad y convexidad: Convexa en $]-\infty, 0[$ y convexa en $]0, +\infty[$.

Puntos de inflexión: No tiene

Gráfica:

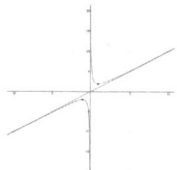

(m) $f(x) = \dfrac{x^2}{x^2 - 1}$

Dominio: $\mathbb{R} - \{-1, 1\}$

Rango: $]-\infty, 0] \cup [1, \infty[$

Puntos de corte: $(0, 0)$

Asíntotas: Verticales: $x = -1$ y $x = 1$. Horizontales: $y = 1$. Oblicuas: No hay.

Simetría: Par.

Crecimiento y decrecimiento: Creciente en $]-\infty, -1[\cup]-1, 0]$ y decreciente en $[0, 1[\cup]1, +\infty[$

Máximos y mínimos: Máximo en $(0, 0)$. No tiene mínimo

Concavidad y convexidad: Cóncava en $]-\infty, -1[\cup]1, +\infty[$ y convexa en $]-1, 1[$.

Puntos de inflexión: No tiene

Gráfica:

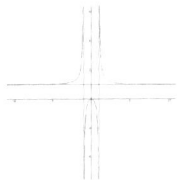

96. (a) $f(x) = \dfrac{x^3}{(x-1)^2}$

   Dominio: $\mathbb{R} - \{1\}$

   Rango: $\mathbb{R}$

   Puntos de corte: $(0,0)$

   Asíntotas: Verticales: $x = 1$. Horizontales: No hay. Oblicuas: $y = x + 2$.

   Simetría: No simétrica.

   Crecimiento y decrecimiento: Creciente en $]-\infty, 1[\cup[3, +\infty[$ y decreciente en $]1, 3]$

   Máximos y mínimos: Mínimo en $\left(3, \frac{27}{4}\right)$. No tiene máximo

   Concavidad y convexidad: Convexa en $]-\infty, 0]$ y cóncava en $[0, 1[\cup]1, +\infty[$.

   Puntos de inflexión: $x = 0$

   Gráfica:

   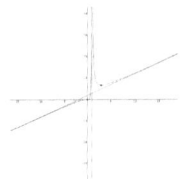

(b) $f(x) = \dfrac{x^4 + 1}{x^2}$

   Dominio: $\mathbb{R} - \{0\}$

   Rango: $[2, +\infty[$

   Puntos de corte: No corta

   Asíntotas: Verticales: $x = 0$. Horizontales: No hay. Oblicuas: No hay.

   Simetría: Par.

   Crecimiento y decrecimiento: Creciente en $[-1, 0[\cup[1, +\infty[$ y decreciente en $]-\infty, -1]\cup]0, 1]$

   Máximos y mínimos: Mínimos en $(-1, 2)$ y $(1, 2)$. No tiene máximo

   Concavidad y convexidad: Cóncava en $]-\infty, 0[\cup]0, +\infty[$.

   Puntos de inflexión: No tiene

   Gráfica:

   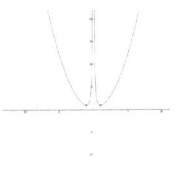

(c) $f(x) = \dfrac{x^2}{2-x}$

   Dominio: $\mathbb{R} - \{2\}$

Rango: $]-\infty, -8] \cup [0, +\infty[$

Puntos de corte: $(0,0)$

Asíntotas: Verticales: $x = 2$. Horizontales: No hay. Oblicuas: $y = -x - 2$.

Simetría: No simétrica.

Crecimiento y decrecimiento: Creciente en $[0, 2[\cup]2, 4]$ y decreciente en $]-\infty, 0] \cup [4, +\infty[$

Máximos y mínimos: Mínimo en $(0,0)$. Máximo en $(4, -8)$

Concavidad y convexidad: Cóncava en $]-\infty, 2[$. Convexa en $]2, +\infty[$.

Puntos de inflexión: No tiene

Gráfica:

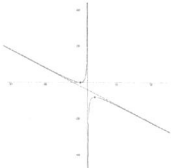

(d) $f(x) = \dfrac{x}{1+x^2}$

Dominio: $\mathbb{R}$

Rango: $\left[-\dfrac{1}{2}, \dfrac{1}{2}\right]$

Puntos de corte: $(0,0)$

Asíntotas: Verticales: No hay. Horizontales: $y = 0$. Oblicuas: No hay.

Simetría: Impar.

Crecimiento y decrecimiento: Creciente en $[-1, 1]$ y decreciente en $]-\infty, -1] \cup [1, +\infty[$

Máximos y mínimos: Mínimo en $\left(-1, -\dfrac{1}{2}\right)$. Máximo en $\left(1, \dfrac{1}{2}\right)$

Concavidad y convexidad: Cóncava en $[-\sqrt{3}, 0] \cup [\sqrt{3}, +\infty[$. Convexa en $]-\infty, -\sqrt{3}] \cup [0, \sqrt{3}]$.

Puntos de inflexión: $x = -\sqrt{3}$, $x = 0$ y $x = \sqrt{3}$.

Gráfica:

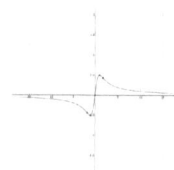

(e) $f(x) = \dfrac{x^2 - 3x + 2}{x^2 + 1}$

Dominio: $\mathbb{R}$

Rango: $\left[\dfrac{3-\sqrt{10}}{2}, \dfrac{3+\sqrt{10}}{2}\right]$

Puntos de corte: $(2,0)$, $(1,0)$ y $(0,2)$

Asíntotas: Verticales: No hay. Horizontales: $y = 1$. Oblicuas: No hay.

Simetría: No es simétrica.

Crecimiento y decrecimiento: Decreciente en $[\dfrac{1-\sqrt{10}}{3}, \dfrac{1+\sqrt{10}}{3}]$ y creciente en $]-\infty, \dfrac{1-\sqrt{10}}{3}] \cup [\dfrac{1+\sqrt{10}}{3}, +\infty[$

Máximos y mínimos: Mínimo en $\left(\dfrac{1+\sqrt{10}}{3}, -\dfrac{\sqrt{10}-3}{2}\right)$. Máximo en $\left(\dfrac{1-\sqrt{10}}{3}, \dfrac{3+\sqrt{10}}{2}\right)$

Gráfica:

(f) $f(x) = \dfrac{x}{x^2 - 16}$

Dominio: $\mathbb{R} - \{-4, 4\}$

Rango: $\mathbb{R}$

Puntos de corte: $(0,0)$

Asíntotas: Verticales: $x = 4$ y $x = -4$. Horizontales: $y = 0$. Oblicuas: No hay.

Simetría: Impar.

Crecimiento y decrecimiento: Decreciente en $]-\infty, -4[\cup]-4, 4[\cup]4, +\infty[$

Máximos y mínimos: Sin máximos ni mínimos.

Concavidad y convexidad: Cóncava en $]-4, 0] \cup]4, +\infty[$. Convexa en $]-\infty, -4[\cup [0, 4[$.

Puntos de inflexión: $x = 0$.

Gráfica:

(g) $f(x) = \dfrac{x+2}{x^2 - 6x + 5}$

Dominio: $\mathbb{R} - \{1, 5\}$

Rango: $]-\infty, -\dfrac{5+\sqrt{21}}{8}] \cup [\dfrac{\sqrt{21}-5}{8}, \infty[$

Puntos de corte: $(-2, 0)$ y $\left(0, \dfrac{2}{5}\right)$

Asíntotas: Verticales: $x = 1$ y $x = 5$. Horizontales: $y = 0$. Oblicuas: No hay.

Simetría: Impar.

Crecimiento y decrecimiento: Decreciente en $]-\infty, -2-\sqrt{21}[\cup]\sqrt{21}-2, 5[\cup]4, +\infty[$. Creciente en $[-2-\sqrt{21}, 1[\cup]1, \sqrt{21} - 2]$

Máximos y mínimos: Máximo en $\left(\sqrt{21} - 2, -\dfrac{5+\sqrt{21}}{8}\right)$. Mínimo en $\left(-2 - \sqrt{21}, -\dfrac{5-\sqrt{21}}{8}\right)$.

Gráfica:

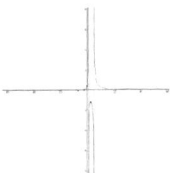

(h) $f(x) = \dfrac{x^2 - 1}{x + 2}$

Dominio: $\mathbb{R} - \{-2\}$

Rango: $]-\infty, -2(2+\sqrt{3})] \cup [2(\sqrt{3} - 2), \infty[$

Puntos de corte: $(-1, 0)$, $(1, 0)$ y $\left(0, -\dfrac{1}{2}\right)$

Asíntotas: Verticales: $x = -2$. Horizontales: No hay. Oblicuas: $y = x - 2$.

Simetría: No es simétrica.

Crecimiento y decrecimiento: Creciente en $]-\infty, -2-\sqrt{3}] \cup [\sqrt{3}-2, +\infty[$. Decreciente en $[-2-\sqrt{21}, 1[\cup]1, \sqrt{21}-2]$

Máximos y mínimos: Máximo en $\left(-2-\sqrt{3}, -\frac{4\sqrt{3}+6}{\sqrt{3}}\right)$. Mínimo en $\left(\sqrt{3}-2, \frac{6-4\sqrt{3}}{\sqrt{3}}\right)$.

Concavidad y convexidad: Cóncava en $]-2, +\infty[$. Convexa en $]-\infty, -2[$.

Puntos de inflexión: No tiene.

Gráfica:

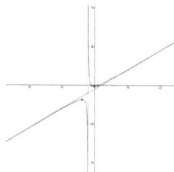

(i) $f(x) = \dfrac{x^2}{x^2 - 4x + 3}$

Dominio: $\mathbb{R} - \{1, 3\}$

Rango: $]-\infty, -3] \cup [0, \infty[$

Puntos de corte: $(0,0)$

Asíntotas: Verticales: $x = 1$ y $x = 3$. Horizontales: $y = 1$. Oblicuas: No hay.

Simetría: No es simétrica.

Crecimiento y decrecimiento: Decreciente en $]-\infty, 0] \cup [\frac{3}{2}, 3[\cup]3, +\infty[$. Creciente en $[0, 1[\cup]1, \frac{3}{2}]$

Máximos y mínimos: Máximo en $\left(\frac{3}{2}, -3\right)$. Mínimo en $(0, 0)$.

Gráfica:

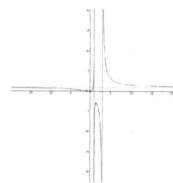

(j) $f(x) = \dfrac{x^2 - x + 1}{x^2 + x + 1}$

Dominio: $\mathbb{R}$

Rango: $\left[\frac{1}{3}, 3\right]$

Puntos de corte: $(0, 1)$

Asíntotas: Verticales: No hay. Horizontales: $y = 1$. Oblicuas: No hay.

Simetría: No es simétrica.

Crecimiento y decrecimiento: Creciente en $]-\infty, -1] \cup [1, +\infty[$. Decreciente en $[-1, 1]$

Máximos y mínimos: Máximo en $(-1, 3)$. Mínimo en $\left(1, \frac{1}{3}\right)$.

Gráfica:

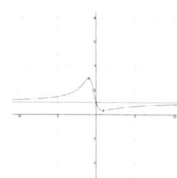

(k) $f(x) = \dfrac{x}{1-x^2}$

Dominio: $\mathbb{R} - \{-1, 1\}$

Rango: $\mathbb{R}$

Puntos de corte: $(0,0)$

Asíntotas: Verticales: $x = -1$ y $x = 1$. Horizontales: $y = 0$. Oblicuas: No hay.

Simetría: Impar.

Crecimiento y decrecimiento: Creciente en $]-\infty, -1[\cup]-1, 1[\cup]1, +\infty[$.

Máximos y mínimos: No tiene máximos ni mínimos.

Concavidad y convexidad: Cóncava en $]-\infty, -1[\cup [0, 1[$. Convexa en $]-1, 0] \cup]1, +\infty[$.

Puntos de inflexión: $x = 0$.

Gráfica:

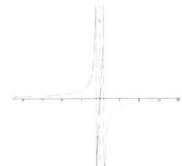

(l) $f(x) = \dfrac{(x-1)^2}{x+2}$

Dominio: $\mathbb{R} - \{-2\}$

Rango: $]-\infty, -12] \cup [0, \infty[$

Puntos de corte: $(1, 0)$ y $\left(0, \frac{1}{2}\right)$

Asíntotas: Verticales: $x = -2$. Horizontales: No hay. Oblicuas: $y = x - 4$.

Simetría: No es simétrica.

Crecimiento y decrecimiento: Creciente en $]-\infty, -1[\cup]-1, 1[\cup]1, +\infty[$.

Máximos y mínimos: Máximo en $(-5, -12)$. Mínimo en $(1, 0)$.

Concavidad y convexidad: Convexa en $]-\infty, -2[$. Cóncava en $]-2, +\infty[$.

Puntos de inflexión: No tiene

Gráfica:

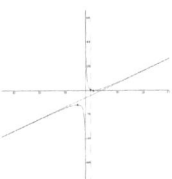

(m) $f(x) = \dfrac{x^2}{1-x^2}$

Dominio: $\mathbb{R} - \{-1, 1\}$

Rango: $]-\infty, -1[\cup [0, \infty[$

Puntos de corte: $(0, 0)$

Asíntotas: Verticales: $x = -1$ y $x = 1$. Horizontales: $y = -1$. Oblicuas: No hay.

Simetría: Par.

Crecimiento y decrecimiento: Decreciente en $]-\infty, -1[\cup]-1, 0]$. Creciente en $[0, 1[\cup]1, +\infty[$.

Máximos y mínimos: Mínimo en $(0, 0)$.

Concavidad y convexidad: Cóncava en $]-1,1[$. Convexa en $]-\infty,-1[\cup]1,+\infty[$.

Puntos de inflexión: No tiene.

Gráfica:

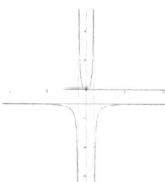

(n) $f(x) = \dfrac{x^2}{(x-2)^2}$

Dominio: $\mathbb{R} - \{2\}$

Rango: $[0,\infty[$

Puntos de corte: $(0,0)$

Asíntotas: Verticales: $x = 2$. Horizontales: $y = 1$. Oblicuas: No hay.

Simetría: No es simétrica.

Crecimiento y decrecimiento: Decreciente en $]-\infty,0]\cup]2,+\infty[$. Creciente en $[0,2[$.

Máximos y mínimos: Mínimo en $(0,0)$.

Concavidad y convexidad: Cóncava en $[-1,2[\cup]2,+\infty[$. Convexa en $]-\infty,-1]$.

Puntos de inflexión: $\left(-1, \frac{1}{9}\right)$.

Gráfica:

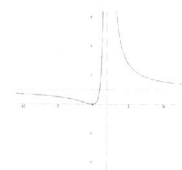

(ñ) $f(x) = \dfrac{x^2 - 5}{2x - 4}$

Dominio: $\mathbb{R} - \{2\}$

Rango: $\mathbb{R}$

Puntos de corte: $(\sqrt{5},0)$, $(-\sqrt{5},0)$ y $(0,\frac{5}{4})$

Asíntotas: Verticales: $x = 2$. Horizontales: No hay. Oblicuas: $y = \frac{1}{2}x + 1$.

Simetría: No es simétrica.

Crecimiento y decrecimiento: Creciente en $]-\infty,2[\cup]2,+\infty[$.

Máximos y mínimos: No tiene máximos ni mínimos.

Concavidad y convexidad: Cóncava en $]-\infty,2[$. Convexa en $]2,+\infty[$.

Puntos de inflexión: No tiene.

Gráfica:

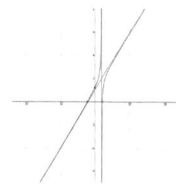

(o) $f(x) = \dfrac{1}{x^2 - 1}$

Dominio: $\mathbb{R} - \{-1, 1\}$

Rango: $]-\infty, -1] \cup]0, \infty[$

Puntos de corte: $(0, -1)$

Asíntotas: Verticales: $x = 1$ y $x = -1$. Horizontales: $y = 0$. Oblicuas: No hay.

Simetría: Par.

Crecimiento y decrecimiento: Creciente en $]-\infty, -1[\cup]-1, 0]$. Decreciente en $[0, 1[\cup]1, +\infty[$.

Máximos y mínimos: Máximo en $(0, 1)$.

Concavidad y convexidad: Cóncava en $]-\infty, -1[\cup]1, +\infty[$. Convexa en $]-1, 1[$.

Puntos de inflexión: No tiene.

Gráfica:

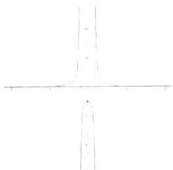

(p) $f(x) = \dfrac{x^2}{x^2 - 4}$

Dominio: $\mathbb{R} - \{-2, 2\}$

Rango: $]-\infty, 0] \cup]1, \infty[$

Puntos de corte: $(0, 0)$

Asíntotas: Verticales: $x = 2$ y $x = -2$. Horizontales: $y = 1$. Oblicuas: No hay.

Simetría: Par.

Crecimiento y decrecimiento: Creciente en $]-\infty, -2[\cup]-2, 0]$. Decreciente en $[0, 2[\cup]2, +\infty[$.

Máximos y mínimos: Máximo en $(0, 0)$.

Concavidad y convexidad: Cóncava en $]-\infty, -2[\cup]2, +\infty[$. Convexa en $]-2, 2[$.

Puntos de inflexión: No tiene.

Gráfica:

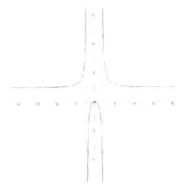

(q) $f(x) = \dfrac{x}{x^2 + 2}$

Dominio: $\mathbb{R}$

Rango: $\left[-\dfrac{1}{2\sqrt{2}}, \dfrac{1}{2\sqrt{2}}\right]$

Puntos de corte: $(0, 0)$

Asíntotas: Verticales: No hay. Horizontales: $y = 0$. Oblicuas: No hay.

Simetría: Par.

Crecimiento y decrecimiento: Decreciente en $]-\infty, -\sqrt{2}] \cup [\sqrt{2}, +\infty[$. Creciente en $[-\sqrt{2}, \sqrt{2}]$.

Máximos y mínimos: Máximo en $\left(\sqrt{2}, \dfrac{1}{2\sqrt{2}}\right)$. Mínimo en $\left(-\sqrt{2}, -\dfrac{1}{2\sqrt{2}}\right)$

Concavidad y convexidad: Convexa en $]-\infty,-\sqrt{6}]\cup[0,\sqrt{6}]$. Cóncava en $[-\sqrt{6},0]\cup[\sqrt{6},+\infty[$.
Puntos de inflexión: $x=-\sqrt{6}$, $x=0$ y $x=\sqrt{6}$.
Gráfica:

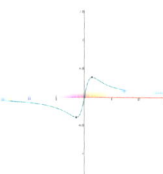

(r) $f(x)=\dfrac{(x-2)^2}{x-3}$

Dominio: $\mathbb{R}-\{3\}$

Rango: $]-\infty,0]\cup[4,\infty[$

Puntos de corte: $(2,0)$ y $\left(0,-\frac{4}{3}\right)$

Asíntotas: Verticales: $x=3$. Horizontales: No hay. Oblicuas: $y=x-1$.

Simetría: No es simétrica.

Crecimiento y decrecimiento: Decreciente en $]-\infty,-\sqrt{2}]\cup[\sqrt{2},+\infty[$. Creciente en $[-\sqrt{2},\sqrt{2}]$.

Máximos y mínimos: Máximo en $(2,0)$. Mínimo en $(4,4)$

Concavidad y convexidad: Convexa en $]-\infty,3[$. Cóncava en $]3,+\infty[$.

Puntos de inflexión: No tiene.

Gráfica:

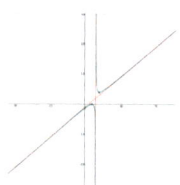

(s) $f(x)=\dfrac{x(x^2+9)}{(x+1)(x-1)}$

Dominio: $\mathbb{R}-\{-1,1\}$

Rango: $\mathbb{R}$

Puntos de corte: $(0,0)$.

Asíntotas: Verticales: $x=-1$ y $x=1$. Horizontales: No hay. Oblicuas: $y=x$.

Simetría: No es simétrica.

Crecimiento y decrecimiento: Creciente en $]-\infty,-\sqrt{3}\sqrt{2+\sqrt{5}}]\cup[\sqrt{3}\sqrt{2+\sqrt{5}},+\infty[$. Decreciente en $[-\sqrt{3}\sqrt{2+\sqrt{5}},-1[\cup]-1,1[\cup]1,\sqrt{3}\sqrt{2+\sqrt{5}}]$.

Máximos y mínimos: Máximo en $\left(-\sqrt{3}\sqrt{2+\sqrt{5}},-\dfrac{3(\sqrt{15}-\sqrt{3})\sqrt{2+\sqrt{5}}}{2}\right)$. Mínimo en $\left(\sqrt{3}\sqrt{2+\sqrt{5}},\dfrac{3(\sqrt{15}-\sqrt{3})\sqrt{2+\sqrt{5}}}{2}\right)$

Concavidad y convexidad: Convexa en $]-\infty,-1[\cup[0,1[$. Cóncava en $]-1,0]\cup]1,+\infty[$.

Puntos de inflexión: $(0,0)$.

Gráfica:

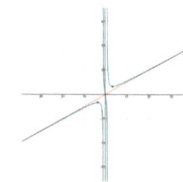

(t) $f(x) = \dfrac{x(x-5)^2}{(x+1)^2(x-1)}$

Dominio: $\mathbb{R} - \{-1, 1\}$

Rango: $\mathbb{R}$

Puntos de corte: $(0,0)$ y $(5,0)$.

Asíntotas: Verticales: $x = -1$ y $x = 1$. Horizontales: $y = 1$. Oblicuas: No hay.

Simetría: No es simétrica.

Crecimiento y decrecimiento: Decreciente en $]-\infty, -1[\cup [5, +\infty[$. Creciente en $]-1, 1[\cup]1, 5]$.

Máximos y mínimos: Mínimo en $(5, 0)$. No tiene máximos

Gráfica:

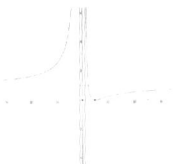

(u) $f(x) = \dfrac{(x^2 - 9)x}{x + 3}$

Dominio: $\mathbb{R} - \{3\}$

Rango: $[-\frac{9}{4}, \infty[$

Puntos de corte: $(0,0)$ y $(3,0)$.

Asíntotas: Verticales: No hay. Horizontales: No hay. Oblicuas: No hay.

Simetría: No es simétrica.

Crecimiento y decrecimiento: Decreciente en $]-\infty, -3[\cup [-3, \frac{3}{2}]$. Creciente en $[\frac{3}{2}, +\infty[$.

Máximos y mínimos: Mínimo en $\left(\frac{3}{2}, -\frac{9}{4}\right)$. No tiene máximos

Concavidad y convexidad: Cóncava en $]-\infty, -3[\cup]-3, +\infty[$.

Puntos de inflexión: No tiene

Gráfica:

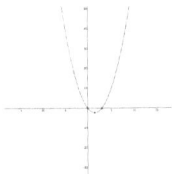

(v) $f(x) = \dfrac{x+1}{x-1}$

Dominio: $\mathbb{R} - \{1\}$

Rango: $\mathbb{R} - \{1\}$

Puntos de corte: $(-1, 0)$ y $(0, -1)$.

Asíntotas: Verticales: $x = 1$. Horizontales: $y = 1$. Oblicuas: No hay.

Simetría: No es simétrica.

Crecimiento y decrecimiento: Decreciente en $]-\infty, -1[\cup]1, +\infty[$.

Máximos y mínimos: No tiene máximos ni mínimos.

Concavidad y convexidad: Convexa en $]-\infty, 1[$. Cóncava en $]1, +\infty[$.

Puntos de inflexión: No tiene

Gráfica:

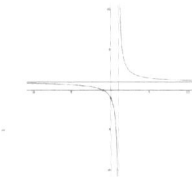

97. (a) $f(x) = \sqrt{(x-2)(x-1)}$

    Dominio: $]-\infty, 1] \cup [2, \infty[$

    Rango: $[0, \infty[$

    Puntos de corte: $(0, \sqrt{2})$ $(1,0)$ y $(2,0)$.

    Asíntotas: Verticales: No hay. Horizontales: No hay. Oblicuas: $y = x - \frac{3}{2}$, $y = -x + \frac{3}{2}$.

    Simetría: No es simétrica.

    Crecimiento y decrecimiento: Decreciente en $]-\infty, -1[\cup]1, +\infty[$.

    Máximos y mínimos: Mínimos en $(1,0)$ y en $(2,0)$. No hay máximos

    Concavidad y convexidad: Convexa en $]-\infty, 1] \cup [2, \infty[$.

    Puntos de inflexión: No tiene

    Gráfica:

    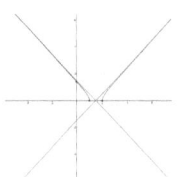

(b) $f(x) = \dfrac{x}{1 - \sqrt{1-x}}$

    Dominio: $]-\infty, 0[\cup]0, 1]$

    Rango: $[0, 2[\cup]2, \infty[$

    Puntos de corte: No corta.

    Asíntotas: Verticales: No hay. Horizontales: No hay. Oblicuas: No hay.

    Simetría: No es simétrica.

    Crecimiento y decrecimiento: Decreciente en $]-\infty, 0[\cup]0, 1]$.

    Máximos y mínimos: Mínimo en $(1, 1)$. No hay máximos

    Concavidad y convexidad: Convexa en $]-\infty, 0[\cup]0, 1]$.

    Puntos de inflexión: No tiene

    Gráfica:

    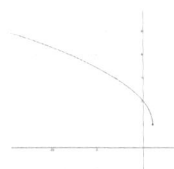

(c) $f(x) = \sqrt[3]{x^2 - 1}$

    Dominio: $\mathbb{R}$

    Rango: $[-1, \infty[$

Puntos de corte: $(0,1)$, $(1,0)$ y $(-1,0)$.

Asíntotas: Verticales: No hay. Horizontales: No hay. Oblicuas: No hay.

Simetría: Par.

Crecimiento y decrecimiento: Decreciente en $]-\infty,0]$. Creciente en $[0,+\infty[$.

Máximos y mínimos: Mínimo en $(0,-1)$. No hay máximos

Concavidad y convexidad: Convexa en $]-\infty,-1[\cup]1,+\infty[$. Cóncava en $]-1,1[$.

Puntos de inflexión: $x=-1$ y $x=1$

Gráfica:

(d) $f(x) = \dfrac{2}{\sqrt[3]{x-2}}$

Dominio: $\mathbb{R}-\{2\}$

Rango: $\mathbb{R}-\{0\}$

Puntos de corte: $(0,-\sqrt[3]{4})$.

Asíntotas: Verticales: $x=2$. Horizontales: $y=0$. Oblicuas: No hay.

Simetría: No es simétrica.

Crecimiento y decrecimiento: Decreciente en $]-\infty,2[\cup]2,+\infty[$.

Máximos y mínimos: No hay máximos ni mínimos

Concavidad y convexidad: Convexa en $]-\infty,2[$. Cóncava en $]2,+\infty[$

Puntos de inflexión: No tiene

Gráfica:

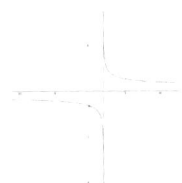

(e) $f(x) = x + \sqrt{x}$

Dominio: $[0,+\infty[$

Rango: $[0,+\infty[$

Puntos de corte: $(0,0)$.

Asíntotas: Verticales: No hay. Horizontales: No hay. Oblicuas: No hay.

Simetría: No es simétrica.

Crecimiento y decrecimiento: Creciente en $[0,+\infty[$.

Máximos y mínimos: Mínimo en $(0,0)$. No hay máximos.

Concavidad y convexidad: Convexa en $[0,+\infty[$.

Puntos de inflexión: No tiene

Gráfica:

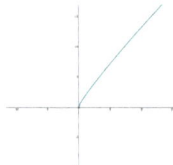

(f) $f(x) = \sqrt{x^2 + 4}$

Dominio: $\mathbb{R}$

Rango: $[2, +\infty[$

Puntos de corte: $(0, 2)$.

Asíntotas: Verticales: No hay. Horizontales: No hay. Oblicuas: $y = x$, $y = -x$.

Simetría: Par.

Crecimiento y decrecimiento: Creciente en $[0, +\infty[$. Decreciente en $]-\infty, 0]$.

Máximos y mínimos: Mínimo en $(0, 2)$. No hay máximos.

Concavidad y convexidad: Cóncava en $\mathbb{R}$.

Puntos de inflexión: No tiene

Gráfica:

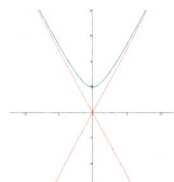

(g) $f(x) = \sqrt{x^2 - 9}$

Dominio: $]-\infty, -3] \cup [3, \infty[$

Rango: $[0, +\infty[$

Puntos de corte: $(3, 0)$ y $(-3, 0)$.

Asíntotas: Verticales: No hay. Horizontales: No hay. Oblicuas: $y = x$, $y = -x$.

Simetría: Par.

Crecimiento y decrecimiento: Creciente en $[0, +\infty[$. Decreciente en $]-\infty, 0]$.

Máximos y mínimos: Mínimos en $(3, 0)$ y en $(-3, 0)$. No hay máximos.

Concavidad y convexidad: Convexa en $]-\infty, -3] \cup [3, \infty[$.

Puntos de inflexión: No tiene

Gráfica:

98.

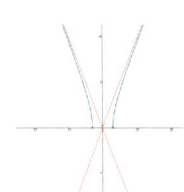

99.

100.

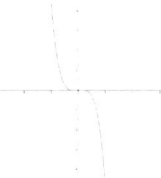

Las tangentes tienen como ecuación $x = 5$ y $x = -5$. Dado que la curva acaba en $x = 5$ y $x = -5$ no se pueden calcular sus tangentes analíticamente. De hecho, como se puede observar son líneas verticales que ni siquiera son funciones.

101.

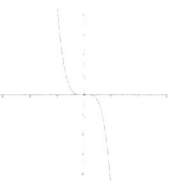

Máximo absoluto: $\left(-5, -\frac{125\sqrt{26}}{26} + 125\right)$. Mínimo absoluto: $\left(5, \frac{125\sqrt{26}}{26} - 125\right)$.

102.

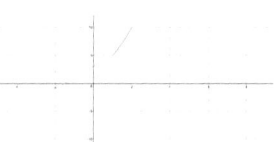

103.

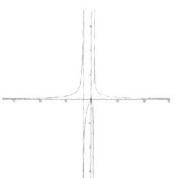

104.

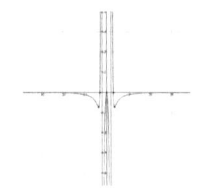

105.

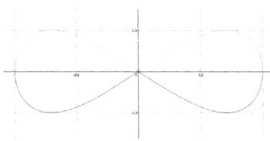

106.

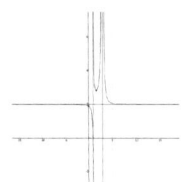

107.

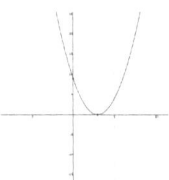

108.

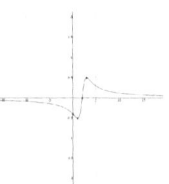

109.

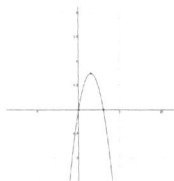